上海智库报告文库
SHANGHAI ZHIKU BAOGAO WENKU

先行先试

高水平制度型开放的上海创新探索

王中美 等 著

上海人民出版社

编审委员会

主　　任：赵嘉鸣

副主任：权　衡　周亚明

委　　员（以姓氏笔画为序）：

干春晖　王为松　叶　青　吕培明

刘元春　祁　彦　阮　青　李友梅

李安方　李岩松　张忠伟　陈东晓

陈志敏　陈殷华　顾　锋　顾红亮

梅　兵　曾　峻　温泽远

序

　　智力资源是一个国家、一个民族最宝贵的资源。建设中国特色新型智库，是以习近平同志为核心的党中央立足新时代党和国家事业发展全局，着眼为改革发展聚智聚力，作出的一项重大战略决策。党的十八大以来，习近平总书记多次就中国特色新型智库建设发表重要讲话、作出重要指示，强调要从推动科学决策、民主决策，推进国家治理体系和治理能力现代化、增强国家软实力的战略高度，把中国特色新型智库建设作为一项重大而紧迫的任务切实抓好。

　　上海是哲学社会科学研究的学术重镇，也是国内决策咨询研究力量最强的地区之一，智库建设一直走在全国前列。多年来，上海各类智库主动对接中央和市委决策需求，主动服务国家战略和上海发展，积极开展研究，理论创新、资政建言、舆论引导、社会服务、公共外交等方面功能稳步提升。当前，上海正在深入学习贯彻习近平总书记考察上海重要讲话精神，努力在推进中国式现代化中充分发挥龙头带动和示范引领作用。在这一过程中，新型智库发挥着不可替代的重要作用。市委、市政府对此高度重视，将新型智库建设作为学习贯彻习近平文化思想、加快建设习近平文化思想最佳实践地的骨干性工程重点推进。全市新型智库勇挑重担、知责尽责，紧紧围绕党中央赋予上海的重大使命、交办给上海的重大任务，紧紧围绕全市发展大局，不断强化问题导向和实践导向，持续推出有分量、有价值、有思想的智库研究成果，涌现出一批具有中国特色、时代特征、上海特点的新型智库建设品牌。

"上海智库报告文库"作为上海推进哲学社会科学创新体系建设的"五大文库"之一，是市社科规划办集全市社科理论力量，全力打造的新型智库旗舰品牌。文库采取"管理部门＋智库机构＋出版社"跨界合作的创新模式，围绕全球治理、国家战略、上海发展中的重大理论和现实问题，面向全市遴选具有较强理论说服力、实践指导力和决策参考价值的智库研究成果集中出版，推出一批代表上海新型智库研究水平的精品力作。通过文库的出版，以期鼓励引导广大专家学者不断提升研究的视野广度、理论深度、现实效度，营造积极向上的学术生态，更好发挥新型智库在推动党的创新理论落地生根、服务党和政府重大战略决策、巩固壮大主流思想舆论、构建更有效力的国际传播体系等方面的引领作用。

党的二十届三中全会吹响了以进一步全面深化改革推进中国式现代化的时代号角，也为中国特色新型智库建设打开了广阔的发展空间。希望上海新型智库高举党的文化旗帜，始终胸怀"国之大者""城之要者"，综合运用专业学科优势，深入开展调查研究，科学回答中国之问、世界之问、人民之问、时代之问，以更为丰沛的理论滋养、更为深邃的专业洞察、更为澎湃的精神动力，为上海加快建成具有世界影响力的社会主义现代化国际大都市，贡献更多智慧和力量。

中共上海市委常委、宣传部部长　赵嘉鸣

2025 年 4 月

目 录

前　言

　　党的二十届三中全会指出："开放是中国式现代化的鲜明标识。必须坚持对外开放基本国策，坚持以开放促改革，依托我国超大规模市场优势，在扩大国际合作中提升开放能力，建设更高水平开放型经济新体制。"中国四十多年的改革开放历程，当前不只是阶段性的自然延伸，而是到了历史性转折和升级的重要时刻。一方面，外部环境发生了重大变化，"逆全球化"、"碎片化"等趋势都反映了经济民族主义和保护主义的泛滥；另一方面，中国的经济结构也面临转型压力。我们必须面对的问题包括：下一阶段中国参与全球竞争的优势在哪里？如何应对外部经济压力和自身禀赋优势转型升级的需要？提出高水平制度型开放，实际上就是要回答这样两个问题。

　　高水平制度型开放是在特殊历史阶段下提出的国家开放战略方向，不只是与过去纵向比较的"更高水平"，还有与其他国家和地区当前横向比较的"更高水平"。高水平制度型开放要求关注全球贸易投资规则和标准的新趋势，推动跨境贸易和投资、服务提供、自然人流动、数据流动等方面的便利化和自由化，进一步消除产业、技术和市场发展中存在的障碍，全面提升以制度为保障的营商环境，对不同类型、规模、资本属性的市场主体提供公平竞争的场所和条件。简言之，我们要关注外部，关注前沿，关注未来。

　　以往要素的开放，引进和输出局限在资本、人员、技术等方面；

而制度的开放，将引进更严格的国际规则和标准，充分学习世界最新实践经验，紧跟国际发展前沿。本书将基于高水平制度型开放的国家战略定位，以上海的地方实践为样本，从更具体的落地措施与保障机制层面，分析当前在包括商品、服务、资本、数据、人员的跨境流动，以及关键部门开放、公平竞争、可持续发展和知识产权保护等几大方面面临的主要制度瓶颈和问题，就构建高水平制度型开放体系和具体领域的应对措施提出建议。

全球化进入了新的阶段，当前不确定因素很多，逆全球化和深度全球化的作用力并存。在未来十年内，全球化可能跌宕起伏，呈现不稳定的胶着或低潮状态。但以全球信息技术、交通技术和其他技术的飞速发展来看，深度全球化是确凿的大趋势。因此，中国的发展之路必须是深度融入全球化，以全球要素为我所用，并在制度上领先。上海，作为中国开放最前沿的城市，在制度型开放上的先行先试已经取得了阶段性的成果，未来要进一步敢于对标、勇于创新和善于落实，形成更多可复制可推广的制度经验。

第一章
世界经济大变局与高标准国际经贸规则新趋势

中国从要素型开放向制度型开放转型，是在世界经济大变局和国际经贸规则重构的背景下展开的。从外部环境来看，一方面，近二十年来遭遇金融危机、全球性疫情、地缘冲突等多重打击，世界经济陷入弱增长，大国间竞争加剧；另一方面，国际经贸规则也突破了布雷顿森林体系的范围，呈现更多元、复杂和分化的趋势。因此，当前阶段推进的制度型开放包括了"制度竞争"与"扩大开放"两方面内涵。

第一节　世界经济大变局

2008 年国际金融危机后，伴随着政治、宗教、文化等领域的各种裂变，世界经济格局发生了重大变化，其演绎路径和未来走向都超出了战后六十年历史经验所能解释的范畴。特别是 2016 年以后，随着以美国为首的发达国家的对外政策大幅转向，以及疫情、地缘冲突等叠加冲击，贸易保护主义和产业政策重新抬头，技术竞赛激烈，区域间竞争升级，发展鸿沟进一步拉大。世界经济面临百年未有之大变局：一方面，全球化遭遇逆流，"阵营分化"与"安全泛化"阻碍全球市场的进一步融合和开放；另一方面，第四次产业革命和新科技革命又可能带来新的契机，推动劳动生产率跃升，迎接新一轮经济繁荣。外部经济形势的重大变化，是上海践行高水平制度型开放的背景之一。

一、世界经济整体变局趋势

2020—2022 年全球经历了前所未有的疫情危机和地缘冲突危机，国际货币基金组织、世界银行等发布的各类预测报告对 2023 年以后的经济增长都预期为弱增长，即整体增长要远远低于 21 世纪前二十年的增长水平。从各个国家的表现来看，复苏充满不确定性，外部形势仍不容乐观。综合来看，深度嵌入全球化的中国将面临入世以来最为复杂的外部环境。根据目前各大组织、智库和研究机构发布的报告及相关数据，当前对中国影响最为突出的世界经济整体趋势，可以归纳为以下几点：

第一，全球供应链三大节点区域总体不会变化，但将呈现较大规模的区域内和近区域转移。三大节点区域为北美、欧洲和东亚。在此次疫情后各国对供应链的地理布局和战略联系都进行了反省，增强韧性和安全成为共识。美国、欧洲和日本近几年采取的一系列措施都在加强近区域的供应链联系，同时排除或缩小对非战略合作伙伴国家的依赖。[1]

---

[1] Paul Gewirtz, "Words and policies:'De-risking' and China policy", May 30 2023, https://www.brookings.edu/articles/words-and-policies-de-risking-and-china-policy/.

这些调整可能带来区域内和近区域的供应链转移，中国将是受影响最大的国家，但短期之内其在亚洲供应链核心的地位不会动摇。

第二，全球治理将呈现以区域集中为特点的碎片分割。区域一体化的势头肇始于二十年前，与多边机制近年来裹足不前形成鲜明对比。在未来几年，由于区域供应链联系的加强，区域治理可能是进展最快的，多边治理则有可能继续处于低潮。因此，全球治理将呈现区域对抗的碎片分割。发展区域联系，也应当是中国下一步对外关系的重点。另外，区域和跨区域的合作也开始朝更灵活的架构发展，例如印太经济框架（IPEF）、数字经济伙伴关系协定（DEPA）、芯片四方联盟（CHIPS4）等非传统的协定形式，却在一些多边机制无法突破的议题上取得共识。

第三，世界经济格局将更突出地呈现为双核心贸易投资网络。中美关系仍存变数，经贸关系将受到巨大冲击，二者将不再是最大贸易伙伴，但仍将是重要的经济伙伴，保持阶段性摩擦升级和缓和的"竞争碰撞"关系。[1] 其他国家将在两极之间寻求平衡和相互制约，摇摆和反复将成为常态，这两大网络之间将存在交叉，在非关键技术和产品上可能仍然是大范围重合的，因为融合的生产网络才是最高效的。

---

[1] 2020年7月24日，美国兰德公司发布《中国的大战略：趋势、轨迹和长期竞争》研究报告，探讨了中国至2050年的发展轨迹以及美中竞争中可能出现的情况，预测了中国未来发展的4种情形。报告认为出现中国"全胜"或"崩溃"的可能性都不大，更可能出现的情况是"停滞"，即面临重大挑战且总体未达到战略目标；或者"占优势"，即虽然面临部分失败，但在总体上达到其长期目标。基于以上4种情况，美中关系可能有3种路径：平行伙伴（parallel partner）、竞争对手（colliding competitors）和分道扬镳（diverging directions）。

第四，技术革命和重大创新仍将发生在先进大国和新兴市场，全球经济水平和贫富差距将进一步扩大。在过去几年，疫情最为严重的国家，以及主要依赖贸易、旅游、大宗商品出口和外部融资的国家受到的冲击最为严重。虽然各地区受影响的程度不同，但面对外部冲击，所有新兴市场和发展中经济体原有的薄弱环节都被进一步放大。因此，需要巨大投入的技术革命和重大创新将发生在先进大国和新兴市场，二者将陷入激烈的制度和战略竞争。从中短期来看，贫富分化将拉大，南北矛盾将加剧。

第五，因经济差距拉大和区域保护主义的盛行，地域、政治、种族、宗教、文化等差异将会进一步激发矛盾，全球合作与共同发展将非常脆弱，发展中国家债务危机无法有效解决，跨国贸易投资面临的地缘政治风险加大。阵营化经济变得盛行，即以结盟为基础的贸易投资和经济合作得到更多国家的接受。但值得注意的是，新的跨区域合作如果不能有效建立起规则和制度，任何仅以项目、资金、政治等为主要内容的合作可能都是脆弱的。

二、新干预主义与全球治理变局

经济干预主义并不是新名词。在西方经济学理论中，政府与市场之间的力量之争始终是重点讨论的对象。经济干预主义是在资本主义市场经济范畴下[1]讨论的概念，它与市场原教旨主义或自由主义相

[1] 西方经济学认为，社会主义因为没有真正意义上的市场经济，国家干预是基础手段，后来发展起来的社会主义市场经济是混合市场经济，政府仍然具有干预的正当性，一般也不区分政府和市场作用的界限。

对应，强调在市场之外也要发挥政府干预的作用。在历史上，干预主义与自由主义的激烈论争至少发生过三次[1]：第一次是20世纪30年代经济危机，表现为凯恩斯主义与新古典经济学之争；第二次是20世纪70年代西方国家滞胀和石油危机，凯恩斯主义受到质疑，新自由主义渐占上风；第三次是2008年国际金融危机之后，以美国为首的西方国家采取了许多以新凯恩斯主义为依据的应对政策，即新干预主义的发端。[2]

几十年来就政府与市场的关系问题理论分歧严重，但在实践中，20世纪30年代经济危机以后，如逢重大危机，全球政府仍普遍倾向干预，由于政府任期限制导致的短视，这些干预措施比经济学家的建议更具短期性和应急性。2020年疫情发生后，全球经济受到重创，几乎所有国家都采取了大量的经济刺激与复苏政策。2022年1月15日，《经济学人》杂志登出了一组特别报告，主题是"新干预主义"。这一组文章观察到，在经历一个漫长的自由化时代后，各国又跳回（bounce back）到了"干预"主义，普遍采取激进的产业政策，并重视对本国产业冠军的培育。[3]新干预主义涵括的内容很广：重返产业政策；采取更严苛的反垄断政策；热衷加诸新的政府管制，包括以气候为名的管制；企业所得税一改多年以来全球下降趋势，多国达成

[1] 吴易风、王晗霞：《国际金融危机和经济危机背景下西方国家干预主义和新自由主义的论争》，《政治经济学评论》2011年第4期。

[2] 也有观点认为，仅从美国国内政策变化来看，克林顿主政后将干预作为反里根主义的重要武器，从那时起是第三次干预主义渐占上风；但是从对外贸易与投资来看，新自由主义仍是基调。

[3] See The Economists, "The New Interventionism", 15 Jan 2022, https://www.economist.com/special-report/2022-01-15.

最低税率约定，以避免"逐底竞争"；等等。在过去数年里，尤其是疫情以来，新干预主义的势头只增不减，在民粹主义的推动下仍将持续。

如果 2008 年以后新凯恩斯主义被称为"新干预主义"，这次回潮则可能是上次的延续，但又具有很多新特征，因此也有评论家称之为"新新干预主义"（W. Watson, 2022），但总体来看仍是 2008 年后新干预主义的发展。仅以芯片行业为例，继 2016—2017 年实施了一系列对华芯片供应限制措施后，美国最新的芯片法案[1]准备投入 520亿美元，用于支持本土芯片生产、试点项目和初创企业。[2]对芯片市场的阻碍性和支持性干预，既有短期目的——应对供应链中断和通胀风险，也有中长期目标——应对来自非伙伴（non-partner）国的竞争，保住或重振关键产业优势。以疫情下的供应链安全为名，此轮干预达到了前所未有的规模和力度。

具体来说，此轮新干预主义可能在以下几个方面，有别于前几次：

（1）与以往相似，此轮新干预主义发生的背景之一仍然是危机，而且受到两次危机——2008 年国际金融危机和 2020 年新冠疫情危机的叠加影响；与以往不同，此轮新干预主义的另一背景，是为了抓住

---

[1] America Creating Opportunities For Manufacturing, Pre-Eminence In Technology, And Economic Strength(America Competes) Act 2022，该法案 2022 年 2 月经美国众议院通过，仍需与参议院通过的《创新与竞争法案》文本进行合并，两院将协商确定最终文本。

[2] European Commission, Communication From The Commission To The European Parliament, The Council, The European Economic And Social Committee And The Committee Of The Regions-A Chips Act For Europe, available at https://digital-strategy. ec.europa.eu/en/library/european-chips-act-communication-regulation-joint-undertaking-and-recommendation.

科技革命和产业革命的时机，抢先获得国家竞争优势，这意味着干预在公共卫生危机结束后继续维持。

（2）过去，干预主义的主要内容是内部经济刺激政策和产业政策，如财政宽松、扩大基础设施投资和购买本国货等，此轮新干预主义的手段则内外并进，除了国内政策之外，同时配套以重构全球供应链为目标的一系列对外政策。这与当代全球生产方式密切相关。此轮干预主义不仅要培育为自己所控的供应链，也要打击和排除竞争对手控制或参与关键供应链（critical supply chain）。

（3）保障"安全"是此轮新干预主义的首要目标。仅从各国近两年发布的战略、法案和政策中，"安全"是出现最频繁的词汇之一。而且，除了传统的国家军事安全和金融安全外，安全的范围被扩展至供应链安全、技术安全、网络空间安全、数据安全，甚至社会安全、文化安全[1]等。

（4）在公共卫生危机掩盖下，政府干预的正当性被人为放大。一些自然灾害、经济灾害或其他灾害规模如此之大，以至于政府是唯一有能力进行干预的实体。新冠疫情符合这样的特点，因此各国政府从维护生命健康切入的许多干预措施得到民众支持，包括加急疫苗与药物研发的财政拨款、防控与封锁投入、医药物资管控等。目前，除了对人身自由的干预仍有争议外，对经济的干预，包括广泛的通胀政

---

[1] 文化安全指的是确保所有个人和群体都根据其独特的文化需求和差异得到对待。它假定有差异的权利，并呼吁不基于任何感知或实际差异而削弱、贬低或剥夺个人权利的互动。参见 Erik Nemeth, "What is Cultural Security? Different perspectives on the role of culture in international affairs", presentation at April 2016, available at https://www.researchgate.net/publication/333433707_What_is_Cultural_Security_Different_perspectives_on_the_role_of_culture_in_international_affairs。

策，民众接受度仍然是很高的，这种正当性的认可，使得 2008 年后的此轮干预延续的时间特别长。

（5）新干预主义蔓延，促成了全球"补贴竞争"与"监管竞争"势头的形成。这是干预的两面性，政府替代市场对资源进行分配，必然导致对政府的寻租，一是寻求政府对自身的补贴，二是寻求政府对竞争对手的加强监管，如反垄断或制裁。另外，必须承认的是，由于各项立法、政策和措施在短时间内密集出台，不可避免地既有重叠交叉，也可能相互冲突，因此短期变动和修改也十分频繁。

三、第四次产业革命与新科技革命的影响

近代以来全球经历过四次技术革命和三次产业革命。以电子计算技术、空间通信技术为特点的第三次技术革命和以互联网、新材料、基因技术等为特点的第四次技术革命带来了第三次产业革命。快速发展的大数据、人工智能、物联网等数字技术、生物技术，以及新能源、新材料的运用，或将引发第四次产业革命，明显缩短产业革命的周期。当前正处于从第三次产业革命向第四次产业革命过渡的阶段。科技创新带来的全球生产力跨越式提高，并最终推动生产模式的根本性变革，这将成为世界经济大变局的最重要的影响因素之一。目前，可以观测到的主要影响趋势包括：

第一，第三次产业革命和即将到来的第四次产业革命可能影响主要国家的力量分布，并加深和升级全球供应链生产方式。由于 20 世纪八九十年代以来全球供应链的发展，过去美国主导的单极国际贸易格局，已经演变为北美、欧洲和东亚三个区域相互竞争的多极国际贸

易格局。新兴经济体的技术追赶在 2000 年后明显提速，如中国、印度等国家与发达国家的差距正在缩小。在新技术的带动下，全球供应链进一步朝向碎片化、复杂化和深度化发展。这也能说明为什么面对新的全球生产方式，如果拉长时段来看，贸易保护主义不可能取得成功。

第二，全球供应链的区域内变迁仍是主流。智能化生产和新能源新材料的采用将极大地解放企业的生产力，即使是小规模定制也变得成本更低，技术的革新推动流程和服务的进一步可拆解，也可能引发全球供应链的进一步延展和多向转移，但这仍然呈现出以原中心点向外辐射发散的特点，区域内转移和变迁仍将是主流。在区域内会有更多的国家参与到发展起来的全球供应链中，这几年的趋势显示在高端制造上，亚洲比北美和欧洲具有更大的发展潜力。

第三，服务贸易、数字贸易存在巨大发展潜力，目前流向仍以自西向东为主。包括人工智能的技术赋能跨境服务，无缝连接服务提供与消费两端，将带来服务贸易和数字贸易的巨大增长。近十年，全球服务贸易平均增速是货物贸易增速的两倍，在国际贸易中的占比和地位稳步提升。世界贸易组织（WTO）预测，未来服务贸易占比还将持续提高，由当前的 22% 提升到 2040 年的 33% 以上。[1] 另据联合国贸发会与亚太经合组织联合发布的《2023—2024 年亚太贸易和投资报告》显示，亚太正在成为数字贸易的领先者，从 2015 年到 2022 年，亚太地区可数字化交付的出口增长率为 9%，超过了 6.8% 的全

---

[1]《WTO 服务贸易国内规制生效意义几何》，新华网 2024 年 3 月 2 日。

球平均水平，达到了 9580 亿美元。[1] 服务贸易、数字贸易市场正成为发达国家争夺的主要领域，因此服务贸易和数字贸易的开放、国民待遇和规制协调问题，成为这一时期大国竞争的重点。

第四，产权、创新与公平竞争的争论，可能带来全球治理理念的根本性转变。过去数百年间发展起来的现代产权概念已经受到了巨大的冲击，不仅是财产的范围和内容都必须在新的情景下进行修正，而且关于产权的价值和其对创新的正向与反向的作用也引起了越来越多的争论。这直接关系到什么样的制度才能激发最大的正作用，从而在国际竞争中胜出。自由化、全球化、高标准的产权保护等过去被认为理所当然的治理最佳实践，现在都需要重新进行检验。更高效的治理不再被认为一定是发达国家所宣传的那样，事实上，发达国家内部对此也产生了极大的分歧。这意味着未来的治理模式将是多元的，甚至可能与过去的自由主义理念反向而行。

四、新南北矛盾与发展难题

（一）全球价值链模式下南北矛盾的变化

南北分歧表现形式的变化，缘于全球生产与贸易方式的转变。一开始，发达国家保持其对技术的控制，通过利用发展中国家的廉价劳动力和其他低成本资源来获得资本收益的最大化，而发展中国家在参与全球价值链获得大量出口顺差的同时，国内增值部分却十分有限。

---

[1] ESCAP, "Asia-Pacific Trade and Investment Report 2023/24: Unleashing Digital Trade and Investment for Sustainable Development", 06 December 2023, https://www.unescap.org/kp/APTIR2023.

特别是微观测度显示发展中国家从价格为上百美元的产品制造中获得的收入可能只有几角几分。[1] 从这一个意义上来说，南北差距并未有根本性的改变。

但不可否认的是，21世纪以后，比较优势正在发生微妙的变化。虽然生产成本的降低进一步助长了发达国家的竞争优势，但是技术溢出是不可避免的，发展中国家在参与全球价值链中也逐渐发展出混合劳动力成本和技术、知识、经验水平的竞争力。[2] 鲍德温提出，由于专有技术（know-how）通过跨国公司的全球价值链布局向发展中国家扩散，G7国家的快速"去工业化"（deindustrialise）和一部分原先贫困的国家的快速"工业化"（industrialise）是同步发生的。[3]

因此，全球价值链引起了比较优势的动态变化[4]，G7国家在全球制造业的份额从1990年的65%下降到2010年的47%，这一下跌仅仅发生在20年内，下跌速度非常之快。相较之下，一部分发展中国家的崛起也是迅速的。中国经济的起飞也大约发生在1990年前后，到2010年，全球有1/6的制造生产转移到中国。20世纪90年代因此被认为是南北国家在制造业上优势变迁的重要分水岭，也是全球价值

[1] Linden, G., Kraemer, K., Dedrick, J., Who Captures Value in a Global Innovation System? The Case of Apple's iPod, *Communications of the ACM*, Vol.52(3), 2009, pp.140—144. Dedrick, J., Kraemer, K. L., Linden, G., Who Profits from Innovation in Global Value Chains? A Study of the iPod and Notebook PCs, *Industrial and Corporate Change*, Vol.19(1), 2009, pp.81—116.

[2][3] Richard Baldwin and Toshihiro Okubo, "GVC journeys: Industrialisation and Deindustrialisation in the Age of the Second Unbundling", 9 November 2018, at http://www7.econ.hit-u.ac.jp/cces/trade_conference_2018/paper/richard_baldwin.PDF.

[4] Paul Krugman, The narrow moving band, the Dutch disease, and the competitive consequences of Mrs. Thatcher: Notes on trade in the presence of dynamic scale economies, *Journal of development Economics*, Vol.27(1—2), 1987, pp.41—55.

链快速发展的起点。

与货物贸易正在发生的比较优势自北向南变迁的趋势相反，服务贸易仍然是由发达国家占据绝对的优势地位。依据WTO《2018年世界贸易统计报告》，排名前三的商业服务出口国分别为美国、英国和德国，出口总额约为1400亿美元；美国、中国和德国则是排名前三的进口国。从近10年的贸易数据来看，发达国家服务贸易顺差额逐年扩大，同时，服务贸易增速超过全球GDP增速，服务贸易比重不断扩大，代表着GDP未来的增长空间。值得注意的是，近几年一些发展中国家的服务贸易份额增速已经超过部分发达国家。

（二）发展中国家发展诉求的变化

在普遍观察到的世界生产和贸易的动态变化中，发展中国家的发展诉求也发生了相应的变化。他们要求向全球价值链的上游攀升，获得更大的增加值，尤其是提升服务贸易比重。"发展中国家的产业在世界产业链中处于链条内部的较低部位，发展中国家的经济发展是在世界产业链内部，沿着现有的各种资本和技术密集程度不同的产业台阶，由低向高逐级而上不断升级的过程。"[1]

发达国家则开始越来越多地关注到去工业化和产业空心化的问题，2008年国际金融危机后关于贸易逆差、工作机会流失的"逆全球化"观点开始在一些发达国家的政坛和媒体言论中渐占上风。过去着力促进自由贸易、保护对外投资和减少汇率影响的传统贸易政策，在发达

---

[1] 林毅夫：《潮涌现象与发展中国家宏观经济理论的重新构建》，《经济研究》2007年第1期。

国家逐渐被对外贸易保护、对内减税促使投资回流、生产线回迁的新贸易政策所取代。特朗普政府执政下的美国表现最具代表性，从广泛实施的单边主义、贸易战到捉对谈判，目的都是为了试图追回在货物贸易中已经失去的比较优势，并巩固和扩大在服务贸易中的优势。

一边是试图向上攀升，一边是有意地遏制、排除；一边是强烈需求资本、技术和管理经验，一边是牢牢把握住核心技术的控制、阻挡竞争和固化优势。这就是新南北矛盾。南北矛盾已经有了与 50 年前完全不同的新内涵。50 年前的南北矛盾，其具体内涵表现为：贸易价格的剪刀差问题、对外资管理还是保护的分歧、对历史债务是免除还是追偿的矛盾等，反映的是以工业化鸿沟和货物贸易为特点的世界经济格局。50 年后的南北矛盾，其具体内涵表现为：制造业转移和阻止转移的冲突、发展本国服务贸易和要求开放服务贸易之间的分歧、努力技术赶超和遏制技术赶超之间的矛盾等，反映的是以技术鸿沟和全球价值链生产为特点的新的世界经济格局。

五、中美战略竞争与路径分化

世界经济经历 2020 年断崖式下跌后至今仍积重难返，各国普遍采取的具有保护主义色彩的金融、贸易、投资等政策，进一步阻碍了复苏进程。据世界银行 2024 年 1 月的预测，2020—2024 年可能成为近三十年来全球经济增速最慢的五年。[1] 而贯穿其中的最大变量，

---

[1]　世界银行:《全球经济面临 30 年来最疲弱的五年》,世界银行集团网站 2024 年 1 月 9 日。

仍然是中美两个超级大国之间的经贸关系。二者围绕战略竞争而实施或主导的单边、双边和多边政策，极大地影响了全球经济秩序的演变方向。

曾经稳定支撑全球生产繁荣和经济增长的全球经济秩序当前正处于新的分岔口或者拐点上。学界和政策界都关注的重要问题是：全球经济秩序是否会分向两辙，建立分别以美国和中国为中心的两个体系？或者，形成更多极的治理框架？这些道路之间是否存在重叠交叉（overlapping and intersected）的交汇点？从当前态势来看，美国政府更迭不会影响对华遏制的基本战略取向，中美两个大国之间的经贸竞争，仍是影响世界经济格局的最大变量之一。

（一）近年中美经贸关系

2008 年国际金融危机后因美国实施宽松政策，中美贸易稳步增长，2015 年起中国超过加拿大成为美国最大的贸易伙伴。2015 年美国的前四大逆差来源地依次是中国、德国、日本和墨西哥，2015 年逆差额分别为 3657.0 亿美元、741.9 亿美元、686.5 亿美元和 583.6 亿美元，增长 6.6%、0.4%、2.2% 和 8.4%[1]。2016 年由于美国经济出现疲软迹象，贸易顺差有所收窄。2017 年特朗普执政后，对华挑起贸易战，同时也加大了对中国企业在美投资的审查和限制。2017 年后中国占美贸易、投资的份额开始下降，中间虽有个别年份因特殊原因反弹，但总体下行趋势没有变化。

---

[1]《2015 年美国货物贸易及中美双边贸易概况》，中华人民共和国商务部网站 2016 年 3 月 30 日。

从 2018 年开始美国经济开始进入扩张末期。2019 年美国实际 GDP 增速为 2.3%，低于 2018 年的 2.9% 以及 2017 年的 2.4%，也使得特朗普政府在 2017 年税改后预期的 3% 的增速未能兑现。在私人部门投资、个人消费支出等指标都呈现提振乏力的同时，政府预算赤字不断扩大，美国国家债务总额已超过 23 万亿美元。在此背景下，特朗普政府寻求扩大对华贸易战，将压力向外转移。特朗普政府之前发布的《国家安全战略报告》和《2018 年美国国防战略报告》明确将中国定位为"战略竞争对手"或"战略竞争者"，代表着对华进攻型经济政策全面成型，反映了典型的守成大国思维。

2019 年中美贸易争端全面升级，除了仍在纠结逆差问题之外，一个重要的新特征是美国开始对中国科技竞争力进行全面遏制。包括三个方面：一是不断扩大出口管制和实体清单，将越来越多的中国企业和产品拉入"军民两用"范畴，以安全的名义进行限制；二是修订《外国投资风险评估现代化法案》[1]，扩大对并购的安全审查范围，中企在美投资被阻的比例越来越高；三是联合盟友共同防华，包括推动 42 个加入《瓦森纳协定》的国家扩大半导体对华出口管制范围等。[2] 可以说，中美之间的战略竞争已经不再局限于贸易争端。

2019 年 12 月双方经艰苦谈判达成了中美第一阶段经贸协议。[3]

---

[1] The Foreign Investment Risk Review Modernization Act of 2018（FIRRMA），https://home.treasury.gov/sites/default/files/2018-08/The-Foreign-Investment-Risk-Review-Modernization-Act-of-2018-FIRRMA_0.pdf.

[2] 最新的瓦森纳"两用产品和技术清单"是 2023 年版本，https://www.wassenaar.org/app/uploads/2023/12/List-of-Dual-Use-Goods-and-Technologies-Munitions-List-2023-1.pdf。

[3]《关于发布中美第一阶段经贸协议的公告》，中华人民共和国中央人民政府网站 2020 年 1 月 16 日。

这一协议带来非常短暂的关系缓和。2020年初新冠疫情重创全球经济，也使得美国经济开启衰退期，双方关系又急转直下。当时著名投资银行家、《货币战争》作者詹姆斯·里卡兹（James Rickards）警告称，近几十年来，美国经历了1973年、1980年、1981年、1990年、2000年、2007年和2020年的经济衰退，衰退的频率大约为每7年一次，而2020年的经济衰退导致国内生产总值下降最为严重（−19.2%）。[1]为了逆转衰退周期，美国采取了极度扩张性的财政政策，美联储推出"零利率＋量化宽松"货币政策工具组合，这些都使得美国个人消费在2021年出现报复性增长。过剩的流动性和全球性供应短缺直接导致通胀飙升。2022年6月美国CPI达到9.1%的最高位，是1981年11月以来的最高通胀率。之后美联储又开始了40年来最激进的一系列加息，至2024年2月连续加息11次。

急剧加息给全球经济带来的影响是深重的。外部需求下降使得中国出口增速大幅下降，中美利差的收缩与倒挂又导致人民币兑美元汇率面临贬值压力，短期资本外逃直接影响中国私人部门投资。必须承认的是，全球对疫情的应对一开始都是慌乱的，发达国家普遍采取纾困政策并由此引发通胀，这又压缩了发展中国家和新兴市场国家的政策空间。中国从2015年开始的结构性调整路线也受到影响。在经历2021年短暂的反弹后，2022年中国GDP增长率仅有3%，是半个世纪以来第二低的水平。放开疫情防控措施后，中国采取了一系列减税降费政策，2023年中国GDP增长率回升至

［1］ "Jim Rickards on Economic Warfare, Russia Win, and US Recession", 14 June 2022, https://www.financialsense.com/podcast/20293/jim-rickards-economic-warfare-russia-win-and-us-recession.

5.2%，仍是世界第二大经济体，并且规模在第三大经济体的四倍以上。

（二）战略竞争态势已经形成

疫情、俄乌冲突以及其他地缘政治问题，使得中美关系进一步恶化。2020年以后，无论是特朗普政府，还是拜登政府，与华展开战略竞争的立场都是明确的。但与特朗普政府不同，拜登意识到供应链已经是全球贸易和生产的主要模式，而降低对华依赖度，应当从供应链主要环节去除中国要素。除了保留特朗普时期的所有加征关税外，拜登选取了芯片、关键矿物、大容量电池、生物医药、人工智能等多个关键供应链，从出口管制、投资限制、数据限制、科技和研发合作限制等多方面对华进行遏制，即建立"小院高墙"战略路径[1]，2023年以后更是强调不会与华"脱钩"，而是为了"去风险"[2]。但美国战略的基础共识是一致的：中国已经成为唯一的"最严峻的竞争对手"[3]。美国将继续动用所有工具（汇率、贸易、投资、科技、盟友体系等）进一步遏制中国追赶。竞争已经成为双方经济政策互动的主要内容。

---

[1] "On 'Smart Competition: Adapting U.S. Strategy Toward China at 40 Years': A Hearing Before the House Foreign Affairs Committee", 116th Cong. (2019) (testimony of Samm Sacks, The U.S. Congress, May 8, 2019), https://www.congress.gov/116/meeting/house/109457/witnesses/HHRG-116-FA00-Wstate-SacksS-20190508.pdf.

[2] Paul Gewirtz, "Words and policies: 'De-risking' and China policy", 30 May 2023, https://www.brookings.edu/articles/words-and-policies-de-risking-and-china-policy/.

[3] Remarks by President Biden on America's Place in the World, 4 Feb. 2021, https://www.whitehouse.gov/briefing-room/speeches-remarks/2021/02/04/remarks-by-president-biden-on-americas-place-in-the-world/.

　　尽管美国在过去数年积极地重构供应链和排除中国，但中国在全球供应链中的地位目前是突出和显著的，也并不限于供应链中低端。2020年3月联合国贸易和发展会议（UNCTAD）报告显示，全球约20%的工业制成品中间品贸易来自中国。[1]根据哈佛大学增长实验室的一项新研究，从2019年出口产品的复杂性来看，中国自2018年以来又上升了三位，在全球排名第16位。[2]中国在精密仪器、机械制造、汽车及通信设备等产品上的格鲁贝尔-劳埃德指数[3]都在0.5以上，如果离开中国，许多国家和地区的相关供应链将陷入中断和瘫痪。[4]

　　同时，全球三大区域供应链网络（北美、西欧和东亚）的形成也反映了供应链的另一趋势——靠近消费市场。美国、西欧和东亚也是全球最大的消费市场，围绕消费需求在周边密集布局供应链绝非偶然。中国所处的东亚供应链背靠整个亚洲腹地，已经形成日益成熟的生产能力和梯度转移。在这一大片区域中，中国将是最大的消费市场。据麦肯锡测算，中国在全球消费中的份额增长率从2000—2005

---

[1] UNCTAD, "Global Trade Impact of the Coronavirus(COVID-19) Epidemic", March 4, 2020, https://unctad.org/system/files/official-document/ditcinf2020d1.pdf, p.4.

[2] "Country & Product Complexity Rankings", Growth Lab at Harvard's Center for International Development, https://atlas.cid.harvard.edu/rankings，2021-06-16.

[3] 格鲁贝尔-劳埃德指数（GLi）衡量特定产品的产业内贸易，由Herb Grubel和Peter Lloyd在1971年引入，如果GLi=1，则产业内贸易水平良好，这意味着该国出口的商品数量与其进口的数量相同；相反，如果GLi=0，则根本没有产业内贸易，这意味着该国仅出口或仅进口商品。

[4] UNCTAD, "Global Trade Impact of the Coronavirus(COVID-19) Epidemic", March 4, 2020, pp.4—5. 该报告对2020年初疫情的影响判断是：由于中国供应能力的中断，受影响最大的经济体将是欧盟（机械、汽车和化学品）、美国（机械、汽车和精密仪器）、日本（机械和汽车）、韩国（机械和通信设备）和越南（通信设备）等。

年的 9% 上升到 2013—2018 年的 23%。[1] 这意味着，即使东亚供应链缩短，仍可能集中在中国的在岸和近岸。除了地缘政治的影响外，中国的双向贸易投资仍具有巨大的吸引力。[2]

仅以贸易来看，中国已深度嵌入全球供应链，2019 年中国中间品进口金额为 15753.9 亿美元，占进口总额比重达 76%。[3] 必须指出的是，尽管中国有 100 多家企业跻身《财富》世界 500 强，但它们的营收仍有 80% 以上来自国内[4]；中国的银行、证券和债券市场规模都位居全球前三，但外资企业的参与程度却很有限。中国企业和市场的全球化水平与欧美仍有差距。另外，2018 年开始的美国对中国的围困和遏制也确实对中国的优势企业造成了影响，对华为的一系列动作是一项证据[5]，但仍难评价其成功或失败。

---

[1] 中国的消费能力在奢侈品细分市场占全球的 32%（2018 年），预计到 2025 年将占 40%。McKinsey & Company, "Understanding Chinese Consumers: Growth Engine of the World", *China Consumer Report 2021*, p.27。

[2] 英国查塔姆学会在《重新联合美国盟友的对华战略》的报告也承认，中国的地缘政治影响（尤其在亚洲）足够大，而贸易和投资也具有巨大的吸引力。Peter Trubowitz, Professor Charles Kupchan, "A China Strategy to Reunite America's Allies", Chathamhouse, January 7, 2021。

[3] 朱嘉林、刘竹波：《中间品进口结构与最终品出口的关系分析》，新华财经，2021 年 1 月 28 日。

[4] 2018 年，《财富》世界 500 强上榜企业中有 110 家来自中国大陆和中国香港，接近美国的 126 家。麦肯锡全球研究院在 2018 年的一项研究显示，2014—2016 年间，经济利润排名全球前 1% 的企业当中有 10% 是中国企业，而 1995—1997 年间这一比例尚不足 1%。虽然这些企业在中国境外的营收有所增长，但即使是其中的一些全球性企业，其海外营收的比例仍不足 20%。相比之下，标普 500 企业的平均海外营收比例则高达 44%。MGI Report, "China and the World: Inside the Dynamics of a Changing Relationship", McKinsey, July 10, 2019。

[5] 2021 年 8 月华为发布的 2021 年上半年财报显示，销售收入为 3204 亿元人民币，同比减少 29%，净利润为 314 亿元，同比减少 25%；三大业务之中，受损最严重的是华为手机所在的消费者业务，上半年收入为 1357 亿元，同比减少 47%，运营商业务收入为 1369 亿元，同比减少 14%。

综上分析，中美竞争导致的路径分化至今并不明显。至少在一段时间内，中国仍然是主要的制造中心，但力量可能将有所分散，一些规模较小的制造枢纽或将陆续出现，形成近岸的小规模布点。值得注意的是，环境可持续发展目标议程在欧美日益受到关注，供应链采购决策的影响因素可能进一步多元化。因此，短期之内，供应链的多元化程度将进一步提高，在关键供应链上近岸外包和在岸生产都会比较快速地发生。但是，更长远而言，科技带来的智能制造程度的提升，或许会再次延长供应链，而不是缩短供应链。[1]

第二节　高标准国际经贸规则新近演变趋势

2013 年中国（上海）自由贸易试验区成立，一定程度上也是为了应对 2008 年以后美国在区域层面推广高标准国际经贸规则的压力，上海承担起为国家战略探索制度型开放道路的重要任务。作为开放前沿的上海，一直以来以对标并对接高标准国际经贸规则，来实践"高水平制度型开放"，积极参与全球市场的制度竞争。在过去十多年的上海地方实践中形成了许多可复制可推广的经验，已经成为全国性制度型开放的内容。

上海曾研究分析并积极对标各类高标准国际经贸规则，从最初的 TPP（跨太平洋伙伴关系协定）、美式 BIT（双边投资协定）、世界

---

[1] Deloitte, "COVID-19 Managing Supply Chain Risk and Disruption", https://www2. deloitte.com/content/dam/Deloitte/ca/Documents/finance/Supply-Chain_POV_EN_ FINAL-AODA.pdf, pp.14—15.

银行营商环境评估体系[1]等，到后来的 USMCA（美墨加协定）[2]、CPTPP（全面与进步跨太平洋伙伴关系协定）[3]、RCEP（区域全面经济伙伴关系协定）[4]、DEPA[5]以及其他新的双边和区域性经贸规则。对标的主体从上海自贸试验区到临港新片区，再到整个上海的制度型开放。本书对国际高标准的整理和分析将综合各大条约和协定，同时整合各国家和地区（如美国、欧盟、新加坡和日本等）前沿实践作为参照，将以当前制度实践中的瓶颈问题为主要内容。

高标准经贸规则在本书中的定义是广义的，可以分为三类：一是多边、区域与双边国际协定，包括 CPTPP、USMCA、DEPA、新加坡—韩国、美韩、英日等已有协定，也包括正在谈判中的 WTO 新协定、IPEF、RCEP2.0 等；二是世行、OECD（经济合作与发展组织）、UNCTAD、ADB（亚洲开发银行）等国际组织相关研究报告和非约束力指引；三是美国、欧盟、新加坡等国家和地区的前沿立法与政策实践。这些规则构成上海面临的外部制度环境，高标准经贸规则的演

---

[1] 世界银行营商环境项目于 2002 年启动，提供了商业法规及其执行的客观衡量标准。该项目研究了国内中小型公司，并衡量了影响它们整个生命周期的规则。第一份营商环境报告于 2003 年发布，涵盖了五组指标和 133 个经济体。最后一份报告于 2019 年发布，涵盖了 11 组指标和 190 个经济体。2021 年 9 月，世界银行集团管理层决定改进并取代营商环境报告。但是，营商环境网站作为知识和数据档案继续向公众开放。https://www.worldbank.org/en/businessready/doing-business-legacy。

[2] United States-Mexico-Canada Agreement, https://ustr.gov/trade-agreements/free-trade-agreements/united-states-mexico-canada-agreement.

[3] 《全面与进步跨太平洋伙伴关系协定》（CPTPP）中英对照文本，https://gjs.mofcom.gov.cn/wjzl/zymyq/art/2021/art_d730af75744a4a30901c9812bdef2ab6.html。

[4] 《区域全面经济伙伴关系协定》（RCEP）协定文本，https://cn.rcepnews.com/rcep-chinese。

[5] 《数字经济伙伴关系协定》参考中译本，http://images.mofcom.gov.cn/gjs/202112/20211215174726440.pdf。

变趋势必须结合这三类来观察。

综合上述高标准国际经贸规则的新近发展，可以概括为以下几点重要趋势：

一、要素的进一步自由化

尽管过去几年受各种负面因素的叠加影响，全球化遭遇逆流，多边主义在一定程度上停滞不前，但国际经贸规则的自由化趋向并未发生实质性逆转。世界银行和 WTO 的研究报告都显示，全球化的足迹仍在扩大，涵盖更多的国家和地区，也促使更多的产业实现分包和转移。[1]各国比以往更热衷于谈判自由贸易协定，而且这些协定的内容也更广泛和丰富，普遍在 WTO 乌拉圭回合协定的基础上推动了进一步的自由化、便利化和一体化。除了关税的进一步降低外，越来越多的国家接受或准备接受投资和服务贸易的负面清单模式（如 RCEP、CPTPP等）；具体议题上也更加深入，如从无纸化通关进一步推进到海关平台的互操作等；一些新的议题也被越来越多地触及并取得突破，如全球最低税率、数字贸易、政府采购、反腐败、环保与劳工标准等。

二、安全泛化

对安全的重视，在 2020 年以后成为主流。不仅是供应链的安全，还包括国家安全、产业安全、技术安全、数据安全、社会安全、文化

---

[1] WTO, "World Trade Report 2023—Re-globalization for a secure, inclusive and sustainable future", 12 September 2023, https://www.wto.org/english/res_e/booksp_e/wtr23_e/wtr23_e.pdf.

安全等。以安全的名义实施的对企业市场行为的干预也成为各国对外政策的重要内容，如越来越多的国家采取了对外资并购的国家安全审查制度，一些国家（如美国）对本国企业向非友好国家或市场的投资设置了安全限制或反向激励。[1]同样，美国、韩国、日本等在推动数据跨境流动的自由化的同时也越来越看重数据的所有权属性和安全问题，美国直接限制了对中国等国家的敏感数据流动。[2]欧盟的中间路线（更严厉的数据保护要求和允许安全框架下的跨境流动）[3]可能成为更多国家的范本。另外，以安全的名义的单边措施，以及积极实施域外管辖的国家也越来越多。对企业来说，跨国经营受地缘政治因素影响越来越大。

三、关键供应链竞争与重塑

由疫情和地缘政治引起的供应链断链问题，过去几年引起各国对供应链韧性和安全的重视。为了确保供应链在受到外部冲击的情况下能迅速恢复（即具有"韧性"），各国普遍采取了促成回迁、近岸外包

---

[1] Executive Order on Addressing United States Investments in Certain National Security Technologies and Products in Countries of Concern, 9 August 2023, https://www.whitehouse.gov/briefing-room/presidential-actions/2023/08/09/executive-order-on-addressing-united-states-investments-in-certain-national-security-technologies-and-products-in-countries-of-concern/.

[2] Executive Order on Preventing Access to Americans' Bulk Sensitive Personal Data and United States Government-Related Data by Countries of Concern，28 February 2024, https://www.whitehouse.gov/briefing-room/presidential-actions/2024/02/28/executive-order-on-preventing-access-to-americans-bulk-sensitive-personal-data-and-united-states-government-related-data-by-countries-of-concern/.

[3] General Data Privacy Regulation, the Regulation(EU) 2016/679, https://gdpr-info.eu/.

以及供应来源多元化的政策措施。这些政策措施逐步收缩至关键供应链，集中资源促成对关键供应链的干预与重构。全球对关键产业的认识基本一致，包括芯片、生物医药、大容量电池、稀有原材料、云服务和人工智能等。干预措施逐渐扩大到全链，以美国芯片法案[1]和出口管制法[2]为例，对芯片的限制不仅针对逻辑芯片和存储芯片，还涉及半导体设备、IP和原材料，方式不仅有贸易管制，还有投资禁止、补贴限制等，目标是为了在与中国的战略竞争中胜出。

四、高度复合的经贸政策

过去大多数国家会区分对内政策与对外政策，对外经贸政策中又会分立投资政策、贸易政策、金融政策等。近几年的趋势则是政策的复合度不断提高，不同政策之间的联动性加强，各部门之间的协同性也明显加强。如美国在制定关键供应链政策时，不仅要求商务部和联邦贸易委员会的参与，也要求国防部、农业部、卫生部和信息管理部门等参与。[3]贸易政策、投资政策、产业政策、竞争政策、政府采

---

[1] H.R.4346-Chips and Science Act, Public Law No:117—167(08/09/2022), https://www.congress.gov/bill/117th-congress/house-bill/4346.

[2] Export Administration Regulations, recent amendment is on 7/29/2024, https://www.ecfr.gov/current/title-15/subtitle-B/chapter-VII/subchapter-C.

[3] 例如，为了避免中国受益于美国《通胀削减法案》对电动汽车的补贴，美国财政部特别出台了限制含有受关注实体（主要针对中国）成分的汽车获得补贴的指南性文件。Treasury, DOE Release Proposed Guidance to Strengthen Domestic Supply Chains for Batteries and Electric Vehicles, Ensure the U.S. Leads the Clean Vehicle Future，1 December 2023, https://www.whitehouse.gov/cleanenergy/clean-energy-updates/2023/12/01/treasury-doe-release-proposed-guidance-to-strengthen-domestic-supply-chains-for-batteries-and-electric-vehicles-ensure-the-u-s-leads-the-clean-vehicle-future/。

购、劳工政策、环保政策、税收政策、反腐败政策等相互渗透，相互助力，形成更完整的闭环。如美欧在政府采购上开始要求对等开放，排除来自不开放市场的国家的企业参与本国政府采购。[1]同样，在国际条约和协定中也呈现这样政策综合性的特点，如原产地规则中要求同时符合劳工标准（如 USMCA），许多规则都深入到国境以内，要求更多政策部门的协作和联动（如 CPTPP 和 IPEF）。

五、面向未来的数字经济规则

尽管所有国家都认同数字经济和未来数字全球化的基础是数据的共享和融合，但是由于各自数字相关能力发展的差异，仍然表现出明显的利益差别和立场对抗：能力较弱的国家相对更强调数字主权和安全；能力较强的国家则更希望推动数据跨境的自由化和人工智能的宽松管理。这往往取决于全球绝大多数数据和技术掌握在哪些主体手上。目前来看，包括互联网企业、跨国公司和强势的政府都掌握了海量数据，这些数据的存储、清洗、分析和运用，需要越来越多的基础设施和算力、算法的投入，数据作为资产又反过来会增强这些拥有者的数字能力。因此，由数字经济导致的强者越强、弱者越弱的现象将不可避免。对中国来说，需要警惕由严格的数据监管政策产生的数据孤岛问题，可能影响自身数字产业的竞争力，同时又要密切关注人工智能等技术与美国的竞争，要给予发展空间又要及早防范风险。

---

[1] EU International Procurement Instruments, November 2022, https://www.europarl.europa. eu/RegData/etudes/BRIE/2020/649403/EPRS_BRI(2020)649403_EN.pdf.

六、升级版的歧视与保护主义

以盟友为基础的供应链重构，已经成为歧视性贸易和投资的核心内容，WTO总干事也在多个场合批评这样的合作，可能对全球生产和贸易网络带来破坏性影响。盟友战略是美拜登政府力推的重要战略，在经贸领域就包括IPEF、CHIPS4、TTC（美欧贸易与技术理事会）、USMCA等。例如，美欧虽然长期有贸易争端，但开始尝试在补贴、知识产权、对内投资、市场准入、监管协作、反经济胁迫等六个方面加强协作，具体措施可能包括反补贴、知识产权执法（如301条款等）、要求对等开放、在多边议题上结盟等。值得注意的是，联合加强技术标准的制定也是未来的重要方向。[1] 这些以结盟为特点的经贸政策，针对和排除的主要对象就是中国，要及早准备破局。尽管如此，其协调标准和政策的许多创新举措，也值得中国在塑造供应链时借鉴。

七、可持续发展硬要求

可持续发展代表着全球产业发展的先进方向，并被越来越多地纳入到高标准国际经贸规则中，而且有从软法条款逐渐转向硬约束的趋势。越来越多的国家，要求本国大型企业必须监督和约束其在全球设立的子公司或分公司遵守高标准的劳工和环保标准，即通过对企业施

---

[1] See the information published by EU-US Trade and Technology Council(2021-2024), https:// digital-strategy.ec.europa.eu/en/factpages/eu-us-trade-and-technology-council-2021-2024.

压来实现促使东道国遵守可持续要求，最终实现公平竞争，如欧盟的"供应链强制性尽职调查指令"[1]。与此同时，欧盟委员会发布了一份关于全球体面劳动的通讯[2]，概述了在全球范围内解决强迫劳动和促进体面劳动的计划。欧盟还在积极布局"产品生态设计"和"产品数字护照"相关规则[3]，在这些新规则下，包括纺织、电子产品、钢铝等产业将率先被纳入强制要求符合可持续标准的目录中，而且要全供应链溯源。另外，在与中国谈判完成的《全面投资协定》（尚未签署）中，欧盟也要求中国必须接受 1930 年的《强迫劳动公约》和 1957 年的《废除强迫劳动公约》。美国等一些国家则出台了以人权名义进行出口限制的法令，这些都远远超出了 WTO 所允许的贸易救济措施范畴。

八、约束政府的规则

营商环境的评价指标越来越宽，除了传统的税收及引资优惠外，在经历三年疫情和地缘政治影响后，企业对政府公正与透明的要求达到高点。透明度不是新规则，它体现在 IMF、世行和 WTO 的主要协定中，要求各成员必须及时公布所制定和实施的相关政策、法规等措

---

[1] Directive on Corporate Sustainability Due Diligence, Directive(EU) 2024/1760, https://eur-lex.europa.eu/eli/dir/2024/1760/oj.

[2] European Commission sets out Strategy to Promote Decent Work Worldwide and Prepare Instruments for Ban on Forced Labour Products, 23 February 2022, https://ec.europa.eu/commission/presscorner/detail/en/ip_22_1187.

[3] EU Ecodesign for Sustainable Products Regulation, Regulation(EU) 2024/1781, https://eur-lex.europa.eu/legal-content/EN/TXT/?uri=CELEX%3A32024R1781&qid=1719580391746.

施及其变化的情况（如修改、增补或废除等），同时还应将这些贸易措施及其变化情况通知世界贸易组织；另外，行政和司法过程中也要保持程序公正和司法独立。在过去数十年，全球透明度原则的执行情况并不理想，一是公布和通报的内容仍然有限，并不能涵盖许多直接影响企业经营的法律法规政策；二是透明度问题越来越多地与腐败、歧视和政府垄断结合在一起，需要国内体制机制的相应改革；三是发展中国家的执行情况普遍较差，透明度成为营商环境的硬伤。因此，在越来越多的国际高标准协定、指南和研究报告中，都开始强调透明度原则的具体内容、执行标准和保障，要求细化和落实该条款。

第二章
上海推进制度型开放的战略定位

上海的制度型开放是在国家总体战略框架内，迈向中国式现代化远景目标的重要地方实践。上海始终坚持把落实国家重大战略任务作为工作的重中之重，聚焦扩大高水平制度型开放，提高要素跨境流动效率、营造一流对外开放环境，为我国扩大高水平对外开放、加快构建新发展格局提供更多上海经验和范本。

第一节　制度型开放的国家战略定位

2024年7月，党的二十届三中全会审议通过了《中共中央关于进一步全面深化改革　推进中国式现代化的决定》，紧紧围绕推进中国式现代化这个主题擘画进一步全面深化改革战略举措。《决定》第七点"完善高水平对外开放体制机制"下第一条就提到"稳步扩大制度型开放。主动对接国际高标准经贸规则，在产权保护、产业补贴、环境标准、劳动保护、政府采购、电子商务、金融领域等实现规则、规制、管理、标准相通相容，打造透明稳定可预期的制度环境"。[1]因此，制度型开放是中国式现代化目标下的高水平开放模式，是实现中国式现代化的重要体制机制。

一、中国模式与中国式现代化

传统西方经济学认为，主要的经济增长模式有三种：以美国为代表的盎格鲁-撒克逊模式、以德国为代表的莱茵模式和以日本为代表的东亚模式。[2]这三种模式都以生产资料私有制为基础，并以市场竞争作为最基本的调节手段。但又有所区别：美国模式强调个体基于自身利益的能动性，国家和政府是保护个人权利的"守夜人"，市场是自由放任的，因此在创新和经济活力上能保持领先；德国模式强调社团和政府在保障市场机制上的作用，对国家主义和公共服务的重要性仍然有共识，因此在发展大工业上非常有优势；东亚模式下国家对金融加以严控、经济战略部门直接支持国有企业或私人财阀、高度依赖出口市场实现增长和高储蓄率，国家指导主义的色彩很浓。

西方经济学认为，以上三种增长模式既体现了市场经济基本制度内在要求，也反映了社会化生产和现代商品经济发展的一般要求。但这三种增长模式还是有很大区别。西方模式移植到发展中国家或新兴市场国家，又产生了很多新的问题和变体，典型的是以阿根廷、智利

---

[1]《中共中央关于进一步全面深化改革　推进中国式现代化的决定》，《人民日报》2024年7月22日。

[2] 漆思：《全球比较视野下中国模式之反思》，《江海学刊》2009年第5期；熊必军：《关于中国发展模式的再思考》，《中国发展》2009年第4期。

为代表的拉美模式。[1]拉美模式主要属于市场经济与政府干预相结合的混合经济，在私有化、自由化、城市化推动经济增长的同时，政治和社会的现代化没有及时跟上，导致两极分化严重，一部分国家陷入低增长和高失业率的泥淖。

与拉美模式不同，中国模式吸收了西方模式中优秀的部分，即以市场化改革激发活力，以开放吸纳资本和技术，以出口导向推动工业化，实现了经济高速增长。2013年到2021年中国经济的年均增长率高达6.6%，大大高于2.6%的同期世界平均增速，也高于3.7%的发展中经济体平均增速。同时，中国模式避免了拉美模式的动荡和两极分化问题，在保留政府对金融、土地、稀缺自然资源的控制权基础上，稳步推进政治、社会等方面的改革，实现了最大人口基数的收入跃升。2021年中国人均国民总收入（GNI）达11890美元，较2012年增长1倍，已经进入中高收入国家行列。因此，开放与发展是中国模式的成功经验之一。而下一阶段要结合新的形势，转向更高水平的开放——制度型开放，进一步巩固中国优势，并拓展发展动力。

2024年3月5日，习近平总书记在参加十四届全国人大二次会议江苏代表团审议时指出："全面深化改革开放，持续增强发展的内生动力和活力。要谋划进一步全面深化改革重大举措，为推动高质量发展、推进中国式现代化持续注入强劲动力。要围绕构建高水平社会主义市场经济体制，深化要素市场化改革，建设高标准市场体系，加

---

[1] 彭刚、刘海影：《拉美国家如何陷入"中等收入陷阱"》，《人民文摘》2014年第6期；韩琦：《拉丁美洲的现代化模式》，《光明日报》2016年7月6日。

快完善产权保护、市场准入、公平竞争、社会信用等市场经济基础制度。要不断完善落实'两个毫不动摇'的体制机制，有效破除制约民营企业公平参与市场竞争的障碍，支持民营经济和民营企业发展壮大，激发各类经营主体的内生动力和创新活力。要深化科技体制、教育体制、人才体制等改革，着力打通束缚新质生产力发展的堵点卡点。要加大制度型开放力度，持续建设市场化、法治化、国际化一流营商环境，塑造更高水平开放型经济新优势。"[1]

中国模式取得的成功是开放包容的成果，是平衡稳定与发展的范例。今天在中国模式上提出的中国式现代化，应当是面向未来、面向世界的，要继续发挥其兼容与运用全球要素的特殊优势。考虑到2024年全球经济仍是弱增长，2025年美国特朗普政府的孤立主义经贸政策拖累全球经济，中国作为增长引擎的作用也面临考验期。目前政策的稳定性和开放的决心，是重树信心的关键。与以往的开放战略不同，制度型开放强调稳定、可预期的规则构建，有助于全面提升投资者与消费者信心，是市场化改革的更高阶段，也是进一步融入世界经济体系的必由路径。

综上，我们今天提出的"制度型开放"概念，必须放在三大背景下去理解：一是世界经济格局的变动越来越朝向不平衡、竞争和主权利益冲突，全球治理进一步朝向国境内制度的协调和一致；二是全球价值链发展至今，在不断加深全球化程度的同时，也呈现逆全球化的并行势头，为了争夺具有高附加值和高技术含量的价值链，先发国家

---

[1]《习近平在参加江苏代表团审议时强调：因地制宜发展新质生产力》，中华人民共和国中央人民政府网站2024年3月5日。

之间展开了激烈的制度竞争，对中国来说，制度竞争不可避免也无从避免；三是中国自身经济发展到了更高的阶段，其外资、外资结构转型升级，都需要更先进稳定的制度供给。在这样的逻辑脉络下，才能充分理解为什么应当将"制度型开放"作为实现中国式现代化的开放战略的核心。

二、中国式现代化的开放内涵

长期以来，在一些语境里，中国的经济奇迹被认为是"人类有史以来首次，大规模的、以原创性的、非西方式的经济模式取得成功经济发展"[1]。但严格区分西方和非西方的经济模式其实是在人为地进行阵营分割。在实践中，所有取得经济腾飞的国家在理念、做法和成功经验上都有许多相同或相似之处。更重要的是，20世纪80年代以来成功的发展模式都是在全球化的背景下被认证的，西方和非西方在生产制造和消费市场上从来不是割裂，而是相互依赖、相互联系、相互成就的，如果离开全球化背景，就很难理解中国模式成功的基础是融合全球要素的特殊能力，中国式现代化是建立在中国模式的经验基础上，其内涵之一就是进一步提升开放水平。

---

[1] 在一场由联合国经济和社会事务部（经社部）组织的会议上，弗拉基米尔·波波夫 (Vladimir Popov) 博士指出，"如果中国经济能继续成功奋起直追，且得以持续的话，这将是世界经济的转机。并不仅仅因为该国经济规模之大，也因为这是人类有史以来首次、大规模的、以原创性的、非西方式的经济模式取得成功经济发展"。联合国：《经济发展：中国模式》，https://www.un.org/zh/desa/chinese-model-of-economic-success。

（一）通过高水平开放深度嵌入全球价值链

从 20 世纪 80 年代开始，全球价值链成为生产制造和资源配置的主要方式。中国是全球价值链扩张过程中最大的受益者和贡献者。无论用前向、后向还是其他方式测算全球价值链的参与度，中国已超越美国、德国、日本等传统制造业大国，成为全球第一的制造业大国。麦肯锡研究院曾经择取了 20 个基础产业和制造业，分析了全球各国对中国消费、生产和进出口的依存度，发现中国制造已深度融入全球价值链，尤其是在电子、机械和设备制造领域，在供应与需求两端，都形成了突出的竞争优势，提高了其他国家对中国的依存度。[1]

（二）通过高水平开放进一步提升规模经济优势

改革开放初期，中国依靠庞大的市场优势、劳动力优势、原材料、土地和能源优势、税收优惠等优势，吸引了企业投资建厂，吸纳了全球制造业产业链的中低端制造环节。之后，历经 40 余年的发展，逐渐形成了产业集群、物流、应用场景和产业工人等优势，实现了许多领域产业链在国内的全链布局，并不断向价值链上游攀升。简言之，由 40 年规模经济带来的高效率，使得中国成为世界上生产要素最全的集合地，也使得其生产效率远高于印度、越南、墨西哥等新兴市场国家。从这个意义上来说，在相当长的一段时间内，中国是不可替代的。

---

[1] McKindsey, "China and the world: Inside the dynamics of a changing relationship", July 2019, https://www.mckinsey.com/featured-insights/china/china-and-the-world-inside-the-dynamics-of-a-changing-relationship.

如第一章分析的新的趋势是，以美国为首的发达经济体近年来加快了针对中国的分化与孤立。从出口管制、禁运名单、投资限制等，到包括 IPEF、芯片四方联盟、关键矿物联盟等在内的结盟排他行动，都公开地针对中国。目标就是要削弱对中国生产制造的依赖，降低中国在全球价值链的嵌入度，最终弱化其对全球经济的影响。同时，新冠疫情严重扰乱了经济发展的脚步，供应链受到扰乱，营商环境受到破坏，直接打击了国内外投资者与消费者的信心。这是过去四十年从未遇到的新情况。大政府模式建立在政府信用和能力上，如果市场参与者对政府的信任和期待受到动摇，那么中国模式的优势就无法有效发挥，结合经济的周期性问题，可能带来重大风险。因此，要保持并发挥中国模式的特有优势，应当是保持开放，特别是推动高水平制度型开放。

三、开放体制机制的转型和升级

在加入世贸组织 20 年后，全世界对中国能力的判断、地位的评价和贡献的预期，都发生了巨大的变化。中国外贸外资发展 40 多年，其自身竞争优势也发生了质的变化。当前，中国开放结构正在优化，同时也处于新旧动能转化的关键期，这些变化对中国转变开放模式，改进开放的体制机制提出了新的要求：

（1）贸易结构正在优化，以电子和信息技术为代表的高新技术产品出口比重不断扩大，汽车、船舶、铁路机车、电子设备、重型机械装备等技术含量和附加值较高的自主知识产权产品逐步成为新的增长点。2024 年上半年，机电产品出口同比增长 8.2%，占出口比重的近六成。其中以汽车为例，我国汽车出口同比增长 22.2%，总体增长势头不减。[1] 货物贸易结构的升级，意味着对技术、人才、知识产权、标准化、数据保护等方面的要求更高。

（2）服务贸易呈现跨越式增长，比重增速高于货物贸易。2024年上半年，货物进出口 21.2 万亿元，增长 6.1%；服务进出口额增长 14%。货物和服务进出口对经济增长贡献率达 13.9%，服务出口表现明显好于进口，贸易逆差减少，知识密集型服务贸易占比提高。[2] 相较货物贸易，服务贸易更要求国境内规制水平的高度协调与一致。

（3）吸收外资处于历史高位，东部沿海转向高质量外资引入，高技术产业吸收外资继续保持较高增速。2024 年 1—5 月，我国新设立外商投资企业 21764 家，同比增长 17.4%，制造业实际使用外资 1171 亿元，其中高技术制造业引资 504.1 亿元，占全国引资比重较上年同期分别提升了 2.8 个和 2.7 个百分点，显示出我国引资结构持续优化。[3] 同时，不容忽视的是，外资受地缘政治影响明显，整体增长势头从 2023 年后转为下降，来自美国、日本等国家的外资占比不断下降。

（4）对外投资虽因疫情增速有所放缓，但仍保持强劲势头。除对外非金融类直接投资外，对外承包工程、对外劳务合作等走出去形式都取得了长足的进步，与一带一路沿线国家相互依存关系进一步加

---

[1][3]《季度走势持续向好，"质升量稳"基础坚实——解读 2024 年中国外贸半年报》，中华人民共和国中央人民政府网站 2024 年 7 月 12 日。

[2]《商务部外资司负责人介绍 2024 年 1—5 月全国吸收外资情况》，中华人民共和国商务部网站 2024 年 6 月 21 日。

深。部分拥有完整产业链的领域，向东亚、东南亚转移趋势明显。中国已经逐步成为对外投资大国，在风险高的区域，各类投资形式更需要法律保障与协调。

（5）民营经济在开放经济中更具有灵活性和适应性，但仍需政策支撑。2024年上半年，灵活性高、自主性强的民营企业进出口同比增长11.2%，继续保持我国外贸第一大经营主体位置。民营企业提出的非歧视、公平竞争、投融资渠道等要求，也是下一步经济发展必须重点解决的问题。

（6）贸易伙伴不断扩大。对欧盟、美国等传统市场进出口回暖的同时，我国还不断拓展经贸合作空间，对共建"一带一路"国家等新兴市场贸易往来日益紧密。另一方面，中国外贸发展面临的形势因此更加复杂。外需增势并不稳固，主要市场补库存力度和持续性有待观察，加上地缘政治、贸易壁垒、航运价格等干扰因素增多，企业接单履约仍面临较多不确定性。这些新市场、新风险和新机遇都要求更全面的制度保障。

总体来看，现阶段中国原先具有的低要素成本的传统竞争优势在不断削弱，综合要素成本快速上升，产业创新能力相对薄弱，参与国际规则制定能力有待提升，营商环境还需进一步改善，中国对外开放面临新的挑战。同时，贸易结构、投资结构和产业结构的转型升级都在积极推进，并取得阶段性成就。开放结构的升级和转型，必然要求更高端的要素供给，即制度供给。中国自身的经济发展，也到了需要先进、稳定、符合世界高标准的制度支撑的阶段，在此背景下，提出制度型开放首先是出于自身的战略需要。

第二节　制度型开放的内涵与要求

制度型开放的基本内容是探索与国际通行规则相衔接的投资贸易制度体系，加快建立适应更加开放环境和有效防范风险的金融创新制度，以及系统推进符合市场经济规则和治理能力现代化要求的政府管理体制机制改革。制度型开放应以制度保障开放，以开放推动制度改革。

一、制度型开放的内涵

2018 年底，中央经济工作会议指出："推动全方位对外开放，要适应新形势、把握新特点，推动由商品和要素流动型开放向规则等制度型开放转变。"[1]首次在官方层面正式提出制度型开放的概念。2019 年 3 月，"制度型开放"第一次写入政府工作报告。[2] 2019 年底，党的十九届四中全会，对"建设更高水平开放型经济新体制"进行了重要部署，强调"健全外商投资准入前国民待遇加负面清单管理制度，推动规则、规制、管理、标准等制度型开放"。[3] 2024 年 7 月，党的二十届三中全会《决定》再次重申了"稳步扩大制度型开放。主动对接国际高标准经贸规则，在产权保护、产业补贴、环境标准、劳动保护、政府采购、电子商务、金融领域等实现规则、规制、管理、

---

[1]《中央经济工作会议举行　习近平李克强作重要讲话》，中华人民共和国中央人民政府网站 2018 年 12 月 21 日。

[2]《2019 年政府工作报告》，中华人民共和国中央人民政府网站 2019 年 3 月 5 日。

[3]《中共中央关于坚持和完善中国特色社会主义制度　推进国家治理体系和治理能力现代化若干重大问题的决定》，中华人民共和国中央人民政府网站 2019 年 11 月 5 日。

标准相通相容，打造透明稳定可预期的制度环境"。

目前关于制度型开放概念的内涵和外延已经有了一些解释，大体比较一致，但对具体内容和抓手的研究尚付阙如。2019年3月，时任商务部副部长钱克明表示，现阶段要推动从商品和要素流动性开放，向规则等制度型开放转变，原因是过去我国更主要是依靠丰裕劳动力的比较优势参与全球分工，但现在我国的要素禀赋条件已经发生非常大的变化，必须加快从要素驱动发展模式向创新驱动发展模式转变。[1]中央党校（国家行政学院）习近平新时代中国特色社会主义思想研究中心解释"制度型开放"为"指一国规则等制度与他国相应制度之间开放透明，并在竞争中调适或变革，实现制度的国际化融入"[2]。

综合来看，关于制度型开放，政府研究部门、学界和媒体的解释集中在以下几方面：（1）制度型开放是与先进的国际经贸规则对接；（2）制度型开放特别强调制度应对国际环境的调适与融入；（3）制度型开放是将开放政策从边境向边境内延伸；（4）制度型开放要求更大范围、更宽领域、更深层次的开放，将是营商环境的系统提升。普遍认为，自由贸易试验区的实践、外资准入负面清单、外商投资法的修改、一带一路实践等都是近些年对制度型开放的实践。

今天，中国的经济体量和影响力都不容忽视，在越来越多的领

---

[1]《商务部副部长钱克明：将从四方面入手推进制度型开放》，中华人民共和国中央人民政府网站2019年3月25日。

[2]中央党校（国家行政学院）习近平新时代中国特色社会主义思想研究中心：《深刻认识并推动制度型开放》，《经济日报》2019年2月19日。

域和场合，"中国模式"被提出来作为重要范本。同时，过去以劳动力优势、土地成本优势等为基础的要素优势如今已经面临瓶颈，供应链低端的全球竞争日益激烈，转移和变迁一直在进行。近些年，外部环境也发生了巨大变化，美国为首的西方国家对中国强加"不公平贸易""产能过剩""经济见顶"等指责，毫不讳言中国已经成为美国"最严峻的竞争对手"。我们必须面对的问题包括：下一阶段中国参与全球竞争的优势在哪里？如何应对外部经济压力和内部转型升级需要？提出制度型开放，实际上就是要回答这样两个问题。

通过十余年的探索，中国对前述两个问题的答案是：下一阶段中国参与全球竞争的优势将是以制度为保障的高水平开放；应对外部经济压力和内部转型升级的关键是主动对标和接轨高标准国际经贸规则，进一步融入全球化生产分工网络，巩固和提升在全球价值链中的位置。经历疫情冲击、地缘政治影响和全球复苏缓慢的中国，更深刻地认识到，"中国式现代化"必须在全球化的背景下去实现，中国过去擅长并得益于全球资源的调动与整合，未来也将继续贡献于全球市场的融合和共同进步，制度型开放是中国深度融入全球化的重要载体和路径。

改革开放四十余年，中国形成了从贸易、投资到服务的全方位开放格局，但整体开放路径以"实践先行"为特点，即"摸着石头过河"模式。中国的开放成就是任何一个国家都不曾取得的，中国的开放道路也无先例可循。改革开放之初，我国具有廉价劳动力、土地等要素资源的比较优势，还有庞大市场的优势，但缺乏资金、人才与技术，不了解国际市场，因此通过吸收外资、引进技术、借鉴管理经验，开放成为倒逼或促进国内改革发展的重要途径与方式。从建立深圳、珠海等特区起步，以"三来一补"加工贸易为切入点，促进商品和要素流动型开放，参与国际市场与国际分工，到加入世界贸易组织，中国逐渐成为对全球经济增长贡献最多的大国。

如前所述，世界经济格局变动复杂，中国正处于构建以己为核心的供应链的关键期，中国参与的双边、区域性和多边的国际治理体系也正在分化。如果只是像过去一样致力于加大商品、资本、人员等要素的流动，而不关注制度层面的变化和中国在制度上的诉求和贡献，那么中国可能会错失下一阶段发展的良机。一方面，中国寻求的新的发展动力和国际竞争优势，必须从制度入手，技术创新、标准创设、供应链塑造等等目标都应以制度构建去实现和保障；另一方面，现在的中国不只是吸收，很大程度也在输出各类要素，包括制度要素，制度型开放强调以法制保障中国的对外利益，中国也应维护以规则为基础的全球治理。简言之，中国不仅要应对以美国主导的国际贸易投资新规则为代表的制度挑战，中国也应当积极提出和贡献于能响应发展中国家新时期发展需求的制度体系。

但"制度型开放"的要求是很高的，意味着过去开放的基础理念需要革新，要求开放机制体制的全面转型和升级。具体来说，制度型开放的内涵包括：一是制度先行，以制度固化改革成果，及时立法修法和完善法律，稳定市场预期和提升信心，而不应朝令夕改；二是制度高标，敢于对照和引进全球最佳实践、最高标准，而不是固步自封、安于现状；三是制度公平，从准入的开放深入到国内规制上的非歧视，要求管理者和公共服务者对所有市场主体不分所有权属性公平对待；四是制度系统化，从全方位全过程考虑开放的推进和相关制度的配套，而不是条块分割、零敲碎打；五是制度现代化，从全球价值链角度和创新支持角度考虑改革实践的重点推进方向，而不是只争夺短期、局部政策红利。

二、制度型开放的"五大要求"

具体来说，"制度型开放"应当包括以下五个方面的要求：

第一，坚持有制度保障的、规范的高水平的开放战略。近年，为适应高质量发展要求，也为了应对错综复杂的国际形势，中国加快了对外开放步伐。与过去四十年对资本、技术和经验的单纯渴求有所不同，当前更强调高质量发展，致力于提高产业结构和产能水平，因此更强调以吸收优质资本、着眼国家长远发展和可持续发展的开放战略，而这样有序的开放必须是有制度保障的并充分规范的。

第二，发掘制度红利，深入推进经济改革。不可否认，在新的历史阶段，中国过去的一些竞争优势正在丧失，依靠低成本的劳动力、土地和厂房，付出环境成本，或者减税免税等手段都无法维持长期的发展，更无法推动产业结构的升级。所以通过改革全面提升营商环境，发掘新的制度红利势在必行。现在推进改革，不仅应注重顶层设计，更应注重建立改革落实的传导机制，使得宏观层面释放的制度红利、政策红利可以转化为微观市场主体的获得感。

第三，积极引进国际先进规则，迈向高水平阶段。要素的开放，引进和输出的局限在资本、人员、技术等方面；而规则的开放，可以引进更严格的国际标准，充分学习国际最新实践经验，紧跟国际发展前沿，在全球先进行列里进行竞争。

第四，积极参与区域与全球治理，贡献国际规则的中国方案。如前所述，中国已经成为大国，在各领域各论坛都已经具有举足轻重的地位，但中国在规则创设和引领方面的能力还不足，对区域性治理和全球治理的规则贡献还有限。面对中国的比较优势，一些发达国家一直拿规则说事，对中国的外资准入、知识产权保护、技术转让、行业补贴等横加指责并以此为由施加单边限制措施。维护对外开放大局，维持稳定的外部环境，就不能不利用好多边平台，及时作出应对。对于试图修改全球贸易投资规则、威胁多边治理体系的保护主义和霸权主义行为，有必要发出中国声音，参与规则制订、修改和完善，维护更公平的全球市场秩序。

第五，以制度为基础，推动中国的技术创新，构建和扩大中国主导的更具韧性的供应链。对中国来说，未来面临的国际竞争是技术与创新的竞争，未来的开放要以科技创新为引领，在制度创新的支撑下，建立以关键核心技术为突破口的前沿产业集群，加快存量企业转型升级，整体提升区域产业能级。下一阶段中国在继续推进各类对外合作与发展项目的同时，也应当努力提升制度引导能力，在全球供应链转移的关键时期，贡献国际新规则的中国方案。

第三节　上海制度型开放的方向、定位与框架

上海制度型开放内容与外延有其特殊性。上海坚持以制度创新为核心，对标最高标准、最好水平，大胆试、大胆闯、自主改，以先行先试的压力测试为更高水平的开放型经济新体制探索新途径、积累新

经验，并向全国复制推广。

一、上海制度型开放的方向与定位

制度型开放的制度参照系很难以某一个协定或国际组织的某一份文件简单概括之，它一定是个综合集成的体系。这是因为，国际高标准的协定、报告和文件都有其侧重点，有些协定的最多内容是关税减让，有些谈判重在服务业开放，有些报告只针对贸易便利化或营商环境提升；另外，随着实践的发展，很多原先先进的规则现在也变得平常或落后于新的标准，新的规则有些则还在酝酿中。因此，须从"以我为主"出发，从这些文本、实践与经验中，撷选和概括那些适合上海现有经济水平、产业结构基础、改革层级的，选择能反映未来一二十年最主要的竞争趋势的，集成为具有可行性、可操作性的"开放制度"，引领上海下一步改革。

制度型开放落实到上海层面，必须考虑上海特有的基础和条件。作为拥有第一个自由贸易试验区的城市，在制度型开放上先行，上海是被寄予厚望的。在上海层面谈制度型开放，要特别注意两个角度：一方面，上海的制度型开放应当参考国际协定或国际组织建议的最佳实践和高标准，这是顺应国际制度竞争的大趋势；另一方面，上海仍应实践"以我为主"的创新战略，它应当关注的是未来国家和地方将要重点发展的战略方向，不必拘泥任何一套外部规则，应兼容并蓄、为我所用。最重要的是，我们需要以供应链为基础、以先导型产业发展为核心，建立引进和创造符合当前发展阶段和发展水平的开放制度体系。

由此，上海制度型开放的方向和定位应当特别注意以下几点：

第一，制度形成体系。首先从完善基础制度做起，增强制度框架的稳定性，涵盖经济活动的全流程。临时性制度要避免过于仓促出台，避免碎片化，避免朝令夕改。

第二，以非歧视为基本原则。最终的目标应是内外资同轨道管理，除准入上的若干限制外，要避免对外资的特殊规定和对待，要破除过去按所有制划分国资、外资、民营三个等级管理的旧思维。

第三，以激发市场活力为目标。成熟的市场机制里政府管理的范围是有限的，推动多年的放管服改革或事中事后监管，最终目标也是为了激发市场活力。这是每项制度制订时需重点考虑的目标。

第四，看齐和对标国际高标准。为了争取和发展高端价值链，在制定和实施任何一项制度时应重点考虑国际高标准。上海置身全球价值链中，须对接和紧跟国际标准，与国际惯常做法和先进实践保持一致。

第五，加强关键产业的制度型供给。全球制度竞争的切入点就是产业战略的全面回归。对上海而言，发展关键供应链、引进优质产业链是重中之重，不要与其他地区同质竞争、低效竞争。因此，应收缩战线，特别加强重点领域的制度型开放。

第六，市场主体的规范感受度是重要的评价指标。这不是泛泛的获得感的问题，而专指市场主体所感受到的制度稳定性、透明度和可预期性，和因此获得的安全感。

二、上海制度型开放框架

过去谈开放，主要是按贸易、投资、服务业开放、事中事后监管等领域分类相关制度，这一传统分类也体现在上海自由贸易试验区总体方案以及许多配套法规政策中。但这一传统分类的缺点是：碎片化，人为割裂经济活动，相互配套不足，目标涣散。这些问题在自贸区的以往实践中已经有所反映。简单来说，开放制度不再局限于关境上的开放，因此不再只关系到准入和关税的问题，开放制度应当是内外一体的、系统性的设计，应当突出供应链和产业目标，它不是简单的自由化，而是通过放松管制、理顺关系、降低成本来激发市场活力和维护市场机制，构建可持续具有黏着力的内外市场生态，从而提升对外经济活动中的主导权和控制权。

因此，本书建议上海未来五至十年的开放制度应当划分为四大制度：公平竞争制度、创新保障制度、关键供应链制度、权益救济制度。公平竞争制度指的是以维护市场主体公平参与市场竞争为目标的相关制度，包括竞争主体制度、市场规范制度与竞争行为制度；创新保障制度指的是鼓励创新、维护创新环境和动力的相关制度；关键供应链制度是对应于上海未来重点发展的具体供应链的专属规范和相关制度；权益救济制度则针对争议解决、权益救济途径和程序等相关问题。过去按贸易、投资、服务业开放、事中事后监管等归类的开放制度仍是基于政府管理权限和流程视角的划分，而本书所提出的四大制度则与企业关注的角度较为契合，在混业经营以及内外贸融合的趋势下，企业对制度环境的诉求主要体现在这四个方面。

综合来看，四大开放制度的分类视角基于两点考虑：一是突出开放的着力点，即以制度保障竞争、创新和发展关键供应链；二是强调系统性，即从企业最关心的开放涵义探索制度设计的连贯性和整体性，企业需要以制度保障公平竞争、创新环境以及权益救济的充分渠道。具体来说，过去的开放制度主要内容涉及进一步允许外资进入某些领域、进一步降低关税或贸易便利化、进一步促进跨国服务等边境上的开放问题，而现在的开放制度则应当促成国内外市场一体化、供应链便利化以及规制的一致性，减少对外资内资区分对待的制度性障碍，形成公平、透明和内外贯通的制度体系。

具体来说，这四大制度的主要内容如下：

第一，公平竞争制度。包括市场主体制度和市场行为制度两方面。

市场主体制度指的是以市场主体身份为区分依据加诸义务、赋予权利或设定管理的相关制度。市场主体制度主要涉及以内外资分轨管理、国有与民营分轨管理以及以牌照或许可为适用条件的准入许可、审批和主体证照等相关规定。市场主体制度关系到公平竞争和非歧视原则，是企业能否参与经济活动的第一道门槛，也是政府事前管理的重要抓手。目前国际上的普遍趋势是尽量减少因身份形成的竞争条件差异。未来上海的改革方向应当为：逐步减少针对特殊主体的相关制度，特别是以内外资为区分依据的专门立法，将外资纳入与内资相同的管理框架内，加强市场监督与规范；重点削减跨境服务准入的负面清单，形成以参股比例为基准的统一准入限制；进一步下放负面清单的准入审批权限；任何针对特殊主体的专门立法不会形成以主体性质为依据的歧视；等等。

市场行为制度涵盖企业全生命周期的相关制度，是所有企业在华经营应当遵守的制度。包括民事法律制度（合同法、公司法、破产法等）、经济法制度（反垄断法、证券法等）、行政法制度（商事登记法、政府采购法等）。即企业从成立、运营、交易、竞争、并购到破产、重组等可能涉及的各类法律法规和政策。

市场行为制度具有高度的趋同性，全世界法治国家都普遍制定了类似规则，英美法系和大陆法系国家在这一领域也呈现出日益融合的趋势。市场行为制度的基础规则是以市场为主导，鼓励市场主体竞争，维护竞争秩序。目前相对其他三大制度，市场行为制度也是国内较为完善的一大制度，主要改善方向应当是进一步强调透明度和程序公正，明确"法无授权政府不干预"的原则；等等。

第二，创新保障制度。包括创新法制、创新政策与战略两方面。

创新法制指的是与创新相关的法律法规，具有普适性、长期性和非歧视性的特点，包括专利法、商业秘密法、商标法、著作权法等；通过对标国际高标准，赋予权利和保护权利建立长效良性的创新保护机制。创新政策与战略指的是与创新相关的短时政策与战略，突出灵活性、弹性和阶段性的特点，包括知识产权战略、研发激励政策、产学研合作制度、数据战略、数字经济发展战略等，通过对标国际先进实践，建立具有竞争力的创新扶持与驱动机制。

与公平竞争制度不同，创新保障制度的形式会更多样一些，包括法制、政策与战略几类。因为创新活动本身变化极快，相对法制往往要滞后一些，创新保障本身也强调需要一定的前瞻性和引导性，因此政策与战略作为更灵活的制度形式，对创新尤其重要。创新保障制度着眼于推动和促进，创新法制重点在一般权利的设定和保护，而创新政策与战略则侧重激励与促进，方向性更明显。创新政策与战略对于两类创新活动更具意义：一是需要长期投入，单靠市场难以完成配置的基础研究领域；二是新兴技术与产业领域，需要前期投入、政策引导和构建配套生态。

第三，关键供应链制度。关键供应链制度指的是以发展重点供应链为目标，建立针对该供应链特点的单独适用的相关制度。应当以上海重点发展的先导产业供应链为细分依据，包括生物医药、人工智能、装备制造、国际物流、金融服务、专业服务、数据港等产业；对标国际领先地区的实践，引进高度开放、全供应链支持和促进集聚的政策制度。关键供应链制度可能涉及该产业特有的投资、贸易、研发、融资、税收、土地、环保、劳动、人才等一系列特殊政策、法规和措施。

在全球陷入激烈竞争，各国重提产业政策时，我们还是要厘清关键供应链制度与产业政策之间的区别。供应链制度不等同于产业政策，它与产业政策之间存在一定重叠，产业政策指的是为维护本国产业结构而制定的相关政策，包括对特定产业的准入规制，各种政策手段（税收优惠、补贴等）的运用，政府主导的重组、合并与调整，行政介入的指导等。产业政策具有鲜明的政府强意志特点。它在二战后许多国家的经济复兴与发展中起过非常重要的作用，但在全球化的背景下又一定是与贸易保护主义、经贸摩擦、产能过剩等联系在一起的，应审慎使用。

本书提出的关键供应链制度虽也以特定供应链为调整对象，但更强调对供应链发展规律的尊重，政府作用限定为补充和辅助，强调以稳定、可预期、可持续的制度供给保障产业的发展。关键供应链制度虽然也包括在投资、融资、税收、土地、人才等方面提供支持和便利的内容，但这些支持和便利条件应当具有产业针对性，并且有严格明确的适用条件和程序，也应当是短期的和逐步取消的。上海必须清楚地意识到，全球生产模式与70年前迥异，供应链全面发展的今天，其实要引导的是供应链的上游落户，要整合全球要素为上海的重点环节服务，供应链制度要充分尊重和利用市场和全球化的力量。

第四，权益救济制度。权益救济制度是事后保障机制，包括行政程序、司法程序和民间争议解决程序。上海应建立市场主体权益受到侵害时更通畅的权益救济制度，包括行政、司法和民间争端解决三种渠道：行政程序包括市场监管、海关、财税和其他行政部门申诉与异议程序，强调公开、透明和高效；司法程序包括法院受理的民事、行政和刑事诉讼，强调涉外程序的国际化、司法公正与革新；民间争端解决程序又称为替代性争端解决机制（alternative dispute resolutions），包括仲裁、调解等在内的多元渠道，强调实用、专业和弹性。

除了公开公正透明的一般要求外，从开放角度看权益救济制度，更要求体现两个重点：一是需要形成良好的完整生态；二是要加强与国际争议解决机制的联系和互认。所谓良好的完整生态，指的是各种权益救济制度之间必须建立相应的连接机制，能为私人部门的权益申诉提供各种路径。例如，行政决定应当设置听证环节，行政决定的依据应当充分告知对象，行政决定中所采用的证据和之前的决定可以在行政诉讼或民事诉讼中被直接援引，等等。加强互认，指的是诉讼、仲裁以及有约束力的调解中达成的决定的国际互认，这也有赖于国内程序的规范和完善，这是加强国际互认的前提。

三、四大开放制度的重点内容

从系统构建来说，上海四大开放制度在有些领域已经形成较扎实的基础，有些尚付阙如。目前上海公平竞争制度中的市场行为制度、创新保障制度中的创新法制、关键供应链制度中的部分产业以及权益救济制度方面都已经有所实践，并形成一些领先的经验；但在市场主体体制、创新政策与战略、部分关键供应链等方面仍与国际先进实践有较大差距。有些方面，考虑到上海事权范围，不能形成地方性法规或相关制度，仍待中央授权；有些方面，则是上海需要打破思维定式大胆尝试，利用现有的一些平台突破瓶颈；有些方面，虽有了一些零碎的实践做法，但参差不齐，留有较大的模糊性和自由裁量空间，须将行之有效的做法尽快制度化并提高透明度和稳定性。

就中短期上海能有所作为的方面，提出具体建议如下：

（一）公平竞争制度

第一，须争取中央将限制类外商投资企业设立的审批权完全下放至上海。在市场主体问题上，首先要突破的是准入制度。引进外资仍然是未来参与供应链和全球竞争最重要的抓手，这方面地方对信息掌握更充分、判断更准确以及战略利益更相关，所以在充分确保中央战略精神得到维护和遵守的情况下，将准入审批权全部下放至条件具备的地方，是制度型开放下一步必行方向。上海是条件最具备的地方之一。

第二，实质性缩短跨境服务的负面清单。2018年，上海出台了第一份自贸区跨境服务负面清单，2019年12月，商务部提出要探索跨境服务负面清单管理制度，但尚未有征求意见稿公布。上海已经率先迈出第一步，但也是很小的一步，因为其内容基本上是现有限制和禁止法令的不完全整理和重复。事涉中央事权的，上海版负面清单没有做任何实质性突破。对上海来说，在未来全国版跨境服务负面清单基础上，可以改进本地跨境服务负面清单编撰方式，并就某些具体类别争取实质性缩短。

第三，全面消除制度执行中的行政性歧视，对国营、民营和外资一律给予市场管理与执法中的无差别待遇。这一项要求其实涉及面很广，典型的如政府采购、补贴或扶持政策、项目招标、工商执法、城市管理、反垄断执法、知识产权执法、融资政策、劳动合同管理等，都应逐步消除歧视，强调立法、执法和行政服务中的一致性和非歧视。

（二）创新保障制度

第一，试点更先进的知识产权制度。首先可以考虑将 RCEP、CPTPP 等知识产权章节所涉专利、商标、地理性标志等相关规定落实成地方性法规，并以制度固化一些创新措施，如生物医药的专利链接等制度；其次是对照美国、欧盟的数据、人工智能、移动通信、芯片等相关制度和战略，制定上海的相应政策，要形成从公有部门到私人部门、投入到产出、研发到市场的信息技术创新制度体系。

第二，推行更有效的创新激励制度。除了创新基金扶持和各种便利化措施外，最关键的是要大胆尝试税收激励，如在上海试行研发税收抵免制度，对研发费用占到一定比例以上的企业，允许研发支出部分抵免企业所得税和个人所得税。

第三，打造国际话语平台。国际话语平台覆盖面很广，包括定价权、话语权和影响力。上海要发展在金融产品、贸易产品、高科技产品上的交易平台，以建立定价权；上海要作为国际组织的总部所在地、高端会议和顶尖展会、赛事的举办地、前沿政策研究报告的发布地，以构建在全球治理方面的话语权。交易平台的规则、话语平台的制度保障，都是不可或缺的，这方面上海大有可为空间。

第四，短期与中长期并行的高端人才吸引制度。高端人才吸引制度应当着眼中长期，但也需具备一定的灵活性。对高端人才来说，除了薪金、所得税和福利制度外，教育、文化、社区等软环境要素都十分重要。长期来说，例如教育方面，仍然要大力发展国际教育，从上海出去的留学人才最有可能回到上海，而这是上海国际化都市不可或缺的人才储备。短期来说，眼前就可在上海试点安排归国留学生和高学历人员接续工作，对因地缘政治变化而无法完成学业和研究工作的留学生和高学历人员[1]，由上海高校设立入学考察、学籍接续、学分认可等措施安顿吸纳。

（三）关键供应链制度

第一，进一步发展金融市场。随着全球经济进入高度竞争、摩擦多发和区域壁垒高筑的阶段，金融话语权对中国下一步的发展非常关键，提升上海的国际金融中心地位显得尤为迫切和重要。必须集中资源和政策利好，强力推动上海在近五年内成长为东亚供应链最重要的金融核心，全力打造全球资产管理中心、跨境投融资服务中心、金融科技中心、国际保险中心、全球人民币资产定价和支付清算中心、金融风险管理与压力测试中心"六大中心"。一是加快开放，落实金融

---

[1]　媒体调查称："据不完全统计，在过去 3 年多时间里，已有超过 5000 名中国留学生和学者因美国第 10043 号总统令被拒签或遣返。"《美国拒签、遣返中国留学生调查》，环球网 2024 年 5 月 16 日。

开放 30 条；二是加强符合国际惯例的监管，有效弥补我国风险管理产品和手段不足问题；三是丰富产品和金融工具，提供灵活的进入退出机制；四是与世界其他国家金融监管机构、交易所和平台加强对话和合作。考虑到近来中美贸易摩擦的态势，可以争取将上海证券交易所和科创板作为美国上市中国概念股的二次上市地；允许临港新片区特殊综合保税区开展离岸贸易业务；扩大自由贸易账户试点至上海全境。

第二，全力推动先进制造业。《中国制造 2025》明确指明智能制造已成为我国现代先进制造业新的发展方向，上海则将发展智能制造作为打响"上海制造"品牌的重要抓手，加快推动高端芯片、人工智能、大数据、工业互联网等新兴技术，赋能产业高质量发展。智能制造需要的制度保障，包括工业数据所有权和衍生权、数据共享、数据安全、隐私保护、知识产权赋权、互联互通、机器人标准以及区块链等，都需要尽快着手，参照世界先进国家和地区的样本（如欧盟）拟制相关规范。

第三，打造跨境数字枢纽。上海自贸区临港新片区在 2020 年时发布"信息飞鱼"全球数字经济创新岛产业功能布局及规划概念设计方案[1]。依此方案，上海自贸区临港新片区探索建设"新型数据监管关口"，推动数据跨境流动先行先试，聚焦人工智能、生物医药、智能制造、总部经济等关键领域探索国际化数据流通机制。2024 年 5 月，上海临港发布首批数据跨境一般数据清单，包含智能网联汽车、

---

[1]《临港新片区将建百万平米数字经济创新岛，推动数据跨境流动》，澎湃新闻 2020 年 6 月 1 日。

公募基金、生物医药等三个领域，涉及智能网联汽车跨国生产制造、医药临床试验和研发、基金市场研究信息共享等 11 个场景，具体划分成 64 个数据类别、600 余个字段。[1] 尽管在数据跨境流动上已经有所突破，但仅凭单方安全评价和没有制度护航的试验是无法真正完成数据的跨境流动的，因此建议上海试行对标欧盟隐私保护法的个人数据保护和负面清单式的跨境流动制度，这是比较务实的一步。

第四，提升专业服务业。专业服务业最突出的要素是有资质的人才，所以首先应简化资质认可流程和执业许可条件，如在上海试点取消与港澳台往来较多的部分服务业从业资质认证要求，如旅游、会展、建筑、维修、检验检测、护理、家政等，并自动认可在港澳台区域已经获得的从业经验。其次，应当允许混业经营，适应国际趋势，打造一站式专业服务平台。再者，应当重新理顺自律管理，允许小范围自律团体的设立，打造少数几个专业服务团体品牌。最后，促进专业服务业适度集聚。

（四）权益救济制度

第一，权益救济制度首先要求形成多元救济途径，提高可得性与便利性。在过去的数年里，上海成立了知识产权法庭、金融法院、自贸试验区法庭、破产法庭等专门法院或法庭，也发挥了重要作用。2019 年底最高人民法院在《关于人民法院为中国（上海）自由贸易试验区临港新片区建设提供司法服务和保障的意见》提出"三点创

---

[1]《上海临港发布首批数据跨境一般数据清单》，中华人民共和国中央人民政府网站 2025 年 5 月 17 日。

新"：一是加强临港新片区国际商事审判组织建设，创新国际商事审判运行机制；二是支持经登记备案的境外仲裁机构在临港新片区开展仲裁业务，支持上海建设成为亚太仲裁中心；三是着力推动临港新片区调解制度创新，积极推动形成调解、仲裁与诉讼相互衔接的多元化纠纷解决机制，为实施高标准贸易和投资自由化便利化提供法律服务。上海要依此形成相关落实性细则，完善多元权益救济渠道。

第二，权益救济制度也强调执法程序的公开透明，建立独立部门纠偏负责制。多元救济途径是已经出现争议和纠纷的情况下私人的可诉渠道，比它更重要的是完善行政纠错机制。这意味着要建立执法流程的规范性，提高透明度，以便接受更多外部监督。也意味着在行政部门内部建立具体事务的负责制，要有独立的平行部门承担起问题追查或反馈时的责任，并能在一定权限内纠正其他部门在具体事务中可能出现的偏差。这个部门能直接接受和处理企业的申告和诉求，同时将整理后的问题和诉求向相关部门核实，并将结论汇报至上级主管部门，以推动及时改进。

第三章
上海对标国际高标准经贸规则的具体差距与问题

上海制度型开放实践已经积累了先行先试的有利条件。十多年来，上海聚焦投资管理、贸易便利、金融创新、政府职能转变四大领域攻坚突破，已经基本建立了与国际经贸规则相衔接的制度体系。但是，与国际最高标准最好水平相比，上海仍然在一些具体方面存在差距，有待进一步深化改革、提高开放能级。

第一节　上海对标国际高标准经贸规则的基本情况

2013 年中国（上海）自由贸易试验区成立以来，上海发展的内外部环境和条件都发生了根本性的变化。一方面，发达国家对华经贸政策转向"战略竞争"，遏制意图日益明显，叠加包括全球衰退危机、疫情、俄乌冲突、通胀等各种外部因素，上海对外开放实践面临巨大挑战。另一方面，上海发展的内在矛盾与内在需求也在发生变化，朝向更具可持续性、集成性和先进性的政策转型亟须推进。党的二十大提出"中国式现代化"，在对外政策方面，就是要应对新时期的挑战，充分考虑未来全球经济的前沿趋势，以更综合与前瞻的政策护航和引导，走出符合上海特点的现代化之路。

前文所述高标准经贸规则的演变趋势，对一国或一地的开放实践提出两方面的要求：一是贸易、投资、跨境服务贸易领域的进一步自由化，包括"零关税、零壁垒、零补贴"；二是对开放体制机制改革的要求，包括放宽市场准入，以及促进准入后的国民待遇、公平竞争、可持续发展等内容。上海要接轨高标准经贸规则，就这两方面的要求来说，既有地方政府无法解决的瓶颈和问题，也有地方政府可以试验和补充的方面。一方面，上海的制度型开放实践，是基于中国式现代化的战略需要，应当贯彻中央战略意图，推动高水平开放；另一方面，上海作为参与全球竞争的一线城市，必须对标先进经验、接轨最高标准，形成自身的地方制度优势。本章将基于前述制度型开放的四大制度，从更具体的地方实践层面，分析上海对标国际高标准经贸规则的具体差距，以此探讨目前上海在包括资本、数据、人员的跨境流动，以及服务业开放、公平竞争、可持续发展和知识产权保护七个方面，面临的主要瓶颈和问题。

一、上海制度型开放的已有实践

上海的制度型开放实践应当追溯到"十二五"期间，以建设国际经济、贸易、金融、航运"四个中心"为核心，制订了一系列地方性法规、规章和规范性文件，如2009年出台的《上海市推进国际金融中心建设条例》[1]和2012年出台的《上海市推进国际贸易中心建设条例》[2]等。另一项重要工作则是2013年上海自由贸易试验区的建立，创制了以地方性法规《中国（上海）自由贸易试验区管理办法》为主的系列制度规范，为我国第一个自由贸易试验区在法治轨道上运行和管理提供了法制保障。

"十三五"期间，上海的制度型开放实践集中于以下三项：一是继续完善上海自由贸易试验区相关制度，制定临港新片区相关制度，印发《关于促进中国（上海）自由贸易试验区临港新片区高质量发展实施特殊支持政策的若干意见》，同时出台《关于支持和保障浦东新区改革开放再出发实现新时代高质量发展的若干意见》，为确保浦东重大改革于法有据提供坚实法治保障；二是加快科创中心相关制度建设，起草《上海市推进科技创新中心建设条例》，完成《上海市科学技术奖励规定》的修订工作，激励科技工作者开展科技创新活动；三是推进营商环境建设，出台《上海市优化营商环境条例》，建立上海市优化营商环境法治保障共同体，印发《上海市进一步优化营商环境实施计划》，出台《关于本市进一步促进外商投资的若干意见》，围绕本市如何贯彻《外商投资法》，从进一步扩大对外开放、吸引外商投资、保护外商合法权益三方面提出了26条措施，印发《上海市人民政府关于贯彻〈国务院关于在市场体系建设中建立公平竞争审查制度的意见〉的实施意见》，开展了制约市场主体公平竞争的规章规范性文件清理工作，等等。

---

[1]　2024年8月22日修订通过。
[2]　2023年12月28日修订通过。

　　"十四五"期间，国务院发布《全面对接国际高标准经贸规则推进中国（上海）自由贸易试验区高水平制度型开放总体方案》（国发〔2023〕23号），赋予上海"打造国家制度型开放示范区"的新的光荣使命，也为新形势下上海自贸试验区深化推进高水平对外开放指明了方向。随后上海发布了《上海市落实〈全面对接国际高标准经贸规则推进中国（上海）自由贸易试验区高水平制度型开放总体方案〉的实施方案》。《实施方案》聚焦8个方面，共提出117项措施，一方面不断优化"边境"措施，加大商品和要素流动开放力度；另一方面主动对接"边境后"规则，稳步推进制度型开放。除此之外，在2018—2024年，上海每年都在岁末年初召开全市营商环境大会、发布一版优化营商环境行动方案。行动方案从1.0版到6.0版，共实施了951项任务举措。最新的7.0版本包含了五大行动150项任务举措，提出聚焦企业关切，瞄准最高标准、最高水平，持续打造市场化、法治化、国际化的一流营商环境。[1]

　　综上，与大多数地方相比，上海的制度型开放是走在前列的，其特点是大处着眼，对基础性的问题，如"五个中心"建设、自贸区建设、营商环境、审批改革、事中事后监管、一网通办等都及时出台地方性法规，提供制度保障。而且在立法之前，上海广泛设立基层联系点，开展了大量的前期调研和研究，为制度出台夯实基础。仅以营商环境为例，2022年推动落实《上海市营商环境创新试点实施方案》，抓好10个方面172项改革任务举措的落地，更大力度推动本市营商环境整体优化。进一步发挥优化营商环境法治保障共同体作用，召开

---

［1］《上海优化营商环境7.0版公布》，中华人民共和国中央人民政府网站2024年2月18日。

共同体联席会议，首设 19 个联系点，及时发现并解决营商环境相关法治问题。[1] 2023 年继续优化市政府基层立法联系点工作，全年共 59 件次法规规章项目征求联系点意见，收到 965 条反馈意见，采纳或部分采纳 90 条。[2]

但是，也要承认，从"十二五"规划到"十四五"规划这十余年的法治实践来看，上海在开放制度方面的切口包括"四个中心""科创中心""自贸区""新片区""营商环境""走出去""简政放权"等角度，制度复合度和系统性不高，与其他地区的差异性不明显。尽管从企业获得感来说，制度型开放成效需要时日来展现，但如果十年二十年还是获得感不强，那么就要检讨开放的幅度、突破的力度以及革新的深度了。如前所述，过去十年，外部环境正在急剧变化，未来五至十年将埋伏巨大的变数，机遇稍纵即逝，而挑战和压力已经不会宽许再一个十年，上海的制度型开放要尽快落地、落足、落实。

二、对标国际高标准规则的主要问题

总结上海现阶段制度型开放存在的瓶颈和问题，主要包括以下几点：

第一，受限于地方事权。这是个长期问题，与开放相关的许多事权都在中央层面或纵线的部委管理层面，上海可为的空间很小。这就

---

[1]《2022 年上海市法治政府建设情况报告》，上海市人民政府网站 2023 年 3 月 30 日。
[2]《2023 年上海市法治政府建设情况报告》，上海市人民政府网站 2024 年 3 月 7 日。

是为什么上海许多条例，如《中国（上海）自由贸易试验区条例》，不过是把中央的立法或方案复述一遍。解决的方法至少有两个：一是争取更多中央权限的下放和特殊授权；二是争取将自贸区的一些特殊制度推广适用于上海全市。

第二，制度供给仍是以跟进式为主。这一问题与前一问题是密切相关的，正因为受限于地方事权，上海的开放制度多为跟进式，如在《外商投资法》出台后，推出《关于本市进一步促进外商投资的若干意见》，在国家层面有规定后，修订《上海市科学技术奖励规定》，其力度都未超过上位法。如何在上位法未禁止的空间里，率先提供制度性规范和保障，改变被动式供给的局面，是上海下一步应当考虑的问题。

第三，开放理念未能根本性革新。如前文所述，上海今天面临的是以供应链为特点的全球化，这一全球化未来的发展对中国的开放模式提出了新的要求。四十年对外资特殊对待，包括限制与特惠，在未来都应逐步取消，上海应关注内外一体的市场构造和制度供给。从这一点来看，过去十年关于"四个中心"和自贸区建设的相关制度设计，还是遵循"特事特办"，尚未实现根本性的开放理念的革新。

第四，大处着眼，失于浅表和粗略。过去十年，上海地方性立法的速度、广度和力度都大幅提升，表现可圈可点。但大多数制度多为政策性宣示，内容是政府要做什么和怎么做，仍然是提供一种政策性福利，而不是制度保障。因此许多制度对企业来说无权利义务内容，也无从规划。特别是政策不具稳定性和连续性，一些市场主体惯于占先机钻空子，初期也有很多为了政策红利注册在自贸区或临港新片区而无实质性经营活动的企业，数量增长的同时质量并不相应提高。这一方面是立法技术仍不成熟的问题，一方面也是政府管理经济手段仍不规范的问题。

第五，"五个中心"建设未能全面细化到供应链制度。不可否认，"五个中心"建设在上海取得了长足的进步，如上海在全球金融中心和经济中心的排名不断上升，但"五个中心"的制度配套并未形成完整体系，相互之间助力不明显。要落地、落实"五个中心"目标，在制度层面必然要下沉到供应链层面，细化到供应链才能谈具体的制度供给和保障。供应链制度是上海制度型开放下一步的抓手。

第六，仍存碎片化问题。碎片化的问题由来已久，政出多门是一个原因，开放设计未能内外一体也是一个原因。以自贸区相关制度来看，碎片化的特点就很突出，负面清单、事中事后监管、一网通办、证照分离、自由贸易账户等等，每一方面都存在既零碎又不断在修修补补的问题。即使在地方层面，制度型开放也应当有一总体架构和牵头部门，再将细分权限和责任下放到各部门和特殊区域，这一架构在上海目前还是缺乏的。

这些是上海制度型开放中存在的基本面上的瓶颈与问题。如果细分到具体领域，在对标高标准国际经贸规则中，可能面临的具体问题和至今未实现突破的瓶颈更多。如前所述，本文对标的国际经贸规则是广义的，不是具体的某一条约和文件，而是综合最有代表性和前瞻性的相关单边立法、政策、最佳实践经验，以及多边条约、协定和国际组织的相关报告、倡议和指南等。为了能更清晰地说明具体领域的具体问题，本章第二节起将以开放的各个方面，通过与国际高标准经贸规则的对比，分别论述存在的差距。

第二节 资本的流动

国际资本流动是资本从一个国家或地区转移到另一个国家或地区，即资本在国际的转移。本节所谈"资本作为要素的流动"主要针对长期资本流动，其主要方式有"直接投资""证券间接投资"和"国际借贷"等。从制度型开放的角度，资本流动涉及外商直接投资准入、资本项目开放和证券市场投资许可等，后两者涉及金融体系风险监管问题，在过去十余年也是开放速度最慢的领域。必须承认，就资本流动的制度型开放而言，在上海层面可为空间比较小。

近年来，中国在外商直接投资方面一直推进制度改革，在全国实施外商投资负面清单，其长度不断简化和缩减。2023 年 10 月，中国宣布将全面取消制造业投资限制，对服务业开放适用负面清单[1]，是对外资准入的单边开放。同时，中国也在不断推进资本项目外汇管理改革和渐进式资本项目改革，但实质性突破仍然有限。本节内容实际上包括两个方面：外商投资准入（制造业），以及资本项目的开放，二者都涉及资本的流动。服务业外资准入涉及的更多许可证和国内规制问题，将专门放在本章第五节。

一、投资限制指数

OECD 的外国直接投资（FDI）限制指数仍是目前援引最多的投资限制测算指数。其通过对四种主要类型的限制进行量化来衡量一个

---

[1] 习近平：《建设开放包容、互联互通、共同发展的世界——在第三届"一带一路"国际合作高峰论坛开幕式上的主旨演讲》，《人民日报》2023 年 10 月 19 日。

国家的 FDI 规则的限制性，包括外国股比限制、歧视性筛选或审批机制、对关键外国人员的限制和营运限制。完全开放赋值 0，完全封闭赋值 1，因此最终指数越小，意味着限制越小。从 2020 年公布的数据来看，与 OECD 成员、CPTPP 成员（11 国）比较，中国绝大多数行业和 FDI 限制指数均高于上述两大经济集团相应指数的平均值，仅部分行业经过近年外商投资准入制度改革，其 FDI 限制指数大幅下降，典型如表中的金融服务业。但总体而言，中国 FDI 限制指数和美国、CPTPP 各国仍有不少差距。

表 3-1　主要国家 FDI 限制指数比较

国　　家	第一产业	第二产业	第三产业	通信	金融服务	FDI 限制总指数
澳大利亚	0.153	0.096	0.181	0.400	0.133	0.149
加拿大	0.190	0.095	0.193	0.560	0.072	0.161
智　利	0.150	0.000	0.060	0.000	0.017	0.057
日　本	0.069	0.005	0.077	0.265	0.000	0.052
墨西哥	0.319	0.102	0.195	0.100	0.133	0.188
新西兰	0.320	0.190	0.233	0.390	0.223	0.235
文　莱	0.265	0.034	0.174	0.250	0.024	0.146
马来西亚	0.295	0.116	0.332	0.375	0.319	0.257
新加坡	0.013	0.013	0.106	0.063	0.021	0.059
越　南	0.061	0.022	0.224	0.583	0.118	0.130
CPTPP 平均	0.184	0.067	0.178	0.299	0.106	0.143
美　国	0.181	0.028	0.094	0.110	0.042	0.089
经合组织平均	0.093	0.031	0.078	0.079	0.032	0.063
中　国	0.342	0.077	0.254	0.733	0.050	0.214

来源：OECD FDI 限制指数，https://www.oecd.org/en/data/indicators/fdi-restrictiveness.html?mod=article_inline。

二、外商投资准入

根据《外商投资准入特别管理措施（负面清单）（2021 年版）》[1]，制造业已基本完全开放，仅保留"出版物印刷须由中方控股"和"禁止投资中药饮片的蒸、炒、炙、煅等炮制技术的应用及中成药保密处方产品的生产"两项。另外，同日发布并于 2022 年 1 月 1 日实施的《自由贸易试验区外商投资准入特别管理措施（负面清单）（2021 年版）》[2]减至 27 项，其中禁止类 17 项、限制类 10 项，实现自贸试验区负面清单制造业条目清零。2023 年 10 月，国家主席习近平在第三届"一带一路"国际合作高峰论坛开幕式上发表主旨演讲时指出，中国将全面取消制造业领域外资准入限制措施。[3]

2024 年 6 月，国务院总理李强在国务院常务会议上指出，外资企业在构建新发展格局中发挥重要作用，要加大力度吸引和利用外资，多措并举稳外资。要深化重点领域对外开放，落实制造业领域外资准入限制措施"清零"要求，推出新一轮服务业扩大开放试点举措。[4]值得注意的是，在落实取消制造业外资准入限制后，中国仍

［1］《外商投资准入特别管理措施（负面清单）（2021 年版）》，中华人民共和国中央人民政府网站 2021 年 12 月 27 日。

［2］《自由贸易试验区外商投资准入特别管理措施（负面清单）（2021 年版）》，中华人民共和国中央人民政府网站 2021 年 12 月 27 日。

［3］《习近平在第三届"一带一路"国际合作高峰论坛开幕式上的主旨演讲（全文）》，中华人民共和国中央人民政府网站 2023 年 10 月 18 日。

［4］《李强主持召开国务院常务会议　研究促进创业投资高质量发展的政策举措等》，中华人民共和国中央人民政府网站 2024 年 6 月 7 日。

保留《市场准入负面清单》[1] 和《鼓励外商投资产业目录》[2]。《市场准入负面清单》中的许多投资领域的限制措施和许可审批繁杂，或者投资审批标准模糊不清，民营企业也面临类似待遇。另外，可以预见，文化、金融等领域与行政审批、资质条件、国家安全等相关的措施，仍将保留。这使得特定外商投资具体项目的落地，仍可能面临许多模糊化限制和审批要求。

三、资本账户开放的难度

主要国际经贸投资规则中"资金转移"条款并没有直接对资本项目开放提出要求，而是要求"覆盖投资"相关资金（包括投资资金、利润、资本所得汇出、各类使用费支付、债务支付等）能自由不延迟地进出。相比于证券投资（包括股票债券衍生品等）和其他投资，中国对于 FDI 相关资金流动管理基本上是自由的。但由于资本账户管制要确定其资金交易背后所属项目，因此要对每笔资金进行审批。虽然中国持续推进和优化外商直接投资外汇管理，包括下放审核权限至银行、取消 FDI 前期费用额度、跨境公司资金池管理等措施，但相比于新加坡和多数发达经济体，中国直接投资相关的跨境资金进出面临较为严格的管制措施。这些管制使得许多对资金跨境转移具有高要求的功能性机构（如总部功能、结算中心等）不

---

[1]《国家发展改革委　商务部关于印发〈市场准入负面清单（2022 年版）〉的通知》，中华人民共和国中央人民政府网站 2022 年 3 月 12 日。

[2]《鼓励外商投资产业目录（2022 年版）》，中华人民共和国中央人民政府网站 2022 年 10 月 26 日。

愿在中国落地。

四、资本市场的有限通道开放

在对外债权债务、股票市场、证券投资、部分衍生品投资，中国目前均采取有限通道的开放措施。外债方面推行全口径跨境融资宏观审慎管理；通过合格境外有限合伙人（QFLP）试点允许外资参与股权基金投资；通过合格机构投资者制度（如QFII和RQFII）、深港通债券通等互联互通机制方式逐步推进中国资本市场开放。2023年起中国加快了资本市场开放的脚步，分别推出9项全国推广的跨境贸易投资便利化政策[1]和8项在部分地区实施的跨境贸易投资高水平开放试点政策[2]，包括再投资免予登记、跨境融资便利化及相关资本项目外汇登记改由银行直接办理等措施，加快各项改革试点政策的复制推广，支持实体经济高质量发展。

另外，还优化了境内企业境外直接上市资金管理政策，完善存托凭证外汇管理，稳慎推进衍生品市场对外开放。持续推进合格境内机构投资者（QDII）业务发展，截至2024年5月末，累计为189家合格机构发放1678亿美元投资额度。[3]但是，对标高标准经贸协议如CPTPP，当前有限度特定渠道的金融市场开放，可能面临违背国民待

[1]《国家外汇管理局关于进一步深化改革　促进跨境贸易投资便利化的通知》，中华人民共和国中央人民政府网站2023年12月4日。

[2]《国家外汇管理局关于扩大跨境贸易投资高水平开放试点的通知》，中华人民共和国中央人民政府网站2023年12月4日。

[3]《QDII累计批准额度达1678亿美元　超过30家基金公司有变化》，每日经济新闻2024年6月4日。

遇和最惠国待遇问题，例如股市债市互联互通的境外市场选择和准入问题；另外 CPTPP 也要求负面清单要纳入外国人投资证券市场以及其他资本市场期货衍生品市场的相关限制要求。

五、宏观审慎监管政策工具

简言之，长期以来政府直接干预金融市场的一些做法可能在高标准协定下无法维持。例如目前宏观审慎管理[1]就可能存在问题。中国通过宏观审慎参数调整企业境外债务额度，而参数的调整直接影响企业境外借债额度，额度时高时低可能对企业的连续性正常经营构成重大影响。当然，宏观审慎管理措施是否违反 CPTPP 协议投资规则属于可讨论范围，中国国内所称的"宏观审慎措施"是否构成 CPTPP 协议下所定义的必要的金融审慎措施也是同样值得讨论的问题。中国一旦加入 CPTPP，如果企业起诉中国相关资本管制措施对其造成直接投资损失，那么这种情况下中国将处于比较被动的立场。同时，从目前外国在华商会看，繁琐的外汇管制和审核措施也是各国企业意见申诉最突出的领域，不定期调整宏观审慎参数也是其申诉的领域之一。

---

[1] 中国人民银行发布《宏观审慎政策指引（试行）》（以下简称《指引》），发布宏观审慎政策框架和九大政策工具，包括资本管理工具、流动性管理工具、资产负债管理工具、金融市场交易行为工具、跨境资本流动管理工具等五大时间维度的工具，以及特定机构附加监管规定、金融基础设施管理工具、跨市场金融产品管理工具和风险处置等阻断风险传染的管理工具等四大结构维度的工具。《宏观审慎政策指引（试行）》，中华人民共和国中央人民政府网站 2022 年 1 月 1 日。

第三节　数据的流动

中国目前已申请加入 CPTPP 和 DEPA，但外界有人认为在跨境数据流动上中国无法满足这些高标准协定的要求。例如，CPTPP 第 14.11 条规定，各成员应当允许为了商业行为的目的，以电子形式跨境传输信息，包括个人信息。第 14.13 条规定，各成员不得要求企业必须在本地使用或设置其电子计算设施，并将之作为允许其能在本地营业的条件。简言之，CPTPP 率先突破了两项长期有争议的跨境传输条款：允许数据跨境传输，包括个人数据；禁止本地存储要求。但同时，第 14.2 条的第 3 段明确将政府采购和政府信息排除在第 14 章的适用范围外。CPTPP 明确政府可以要求任何官方信息（official information），如关键设施规划、保密级政策建议或社会安全信息等，必须存储在本地服务器。第 14.1 条关于"适用个人（covered persons）"的定义也将"金融机构"明确排除在第 14 条的适用范围内。简言之，CPTPP 中仍然对跨境数据流动规则保留了大量的公共政策例外，这与中国当前实践中强调安全的方向是一致的，因此 CPTPP 关于数据流动的规定对中国来说是可能对标和接轨的规则。

一、数据跨境流动限制

相较 CPTPP 的规定，中国对数据跨境传输限制是一般性的，而不是例外，这是最根本的区别，即在无法确定或无明文规定是否符合豁免条件时，所有数据出境应当经安全评估并获得主管部门许可。即使近几年新的法规政策试图建立数据出境的管理办法，但数据出境仍然是高度受限制的。2022 年 7 月《数据出境安全评估办法》[1] 的出台，一定程度上厘清了数据出境的强制评估要求和程序，特别是个人信息的出境问题，但关于"重要数据""关键信息基础设施"等核心概念仍然无法提供更明确的标准。强制性评估程序的设定，也使得企业的合规成本增加。另外，评估期从收到申报材料起一般为 52（45+7）天，没有自动视为评估合格的设定，在信息技术时代，这样的行政程序带来的时滞成本几乎不可想象。尽管评估有效期为两年，但又同时规定了需要重新评估的情形（第 14 条），这些情形可以概括为"动辄重来"。跨境数据流动的难度越大，对制造业到数字服务业的发展造成的障碍越大。

近两年政策制定者已经意识到这个问题，即需要为必须评估出境的数据类型划定范围。2024 年 3 月，国家互联网信息办公室发布了《关于规范和促进跨境数据流的规定》[2]，对数据出境安全评估、个人信息出境标准合同、个人信息保护认证等数据出境制度作出优化调整。《规定》明确了重要数据出境安全评估申报标准，提出未被相关部门、地区告知或者公开发布为重要数据的，数据处理者不需要作为重要数据申报数据出境安全评估。但是，相关部门、地区的范围很大，一般公布的"重要数据"标准也是模糊的，最后还有兜底条款，对企业来说仅凭自己判断不属重要数据，仍然是风险巨大的，一般合规建议都是如遇出境数据的重要性吃不准的情况都尽量

---

[1]《数据出境安全评估办法》，中国网信网 2022 年 7 月 7 日。

[2]《关于规范和促进跨境数据流的规定》，中华人民共和国中央人民政府网站 2024 年 3 月 22 日。

进行安全评估。

《规定》规定了免予申报数据出境安全评估、订立个人信息出境标准合同、通过个人信息保护认证的数据出境活动条件：一是国际贸易、跨境运输、学术合作、跨国生产制造和市场营销等活动中收集和产生的数据向境外提供，不包含个人信息或者重要数据的；二是在境外收集和产生的个人信息传输至境内处理后向境外提供，处理过程中没有引入境内个人信息或者重要数据的；三是为订立、履行个人作为一方当事人的合同，确需向境外提供个人信息的；四是按照依法制定的劳动规章制度和依法签订的集体合同实施跨境人力资源管理，确需向境外提供员工个人信息的；五是紧急情况下为保护自然人的生命健康和财产安全，确需向境外提供个人信息的；六是关键信息基础设施运营者以外的数据处理者自当年 1 月 1 日起累计向境外提供 10 万人以下个人信息（不含敏感个人信息）的。

《规定》设立自由贸易试验区负面清单制度。提出自由贸易试验区在国家数据分类分级保护制度框架下，可以自行制定区内负面清单，经省级网络安全和信息化委员会批准后，报国家网信部门、国家数据管理部门备案。2024 年 5 月，上海自贸区临港新片区数据跨境场景化一般数据清单及清单配套操作指南对外公布。首批一般数据清单包含智能网联汽车、公募基金、生物医药等三个领域，涉及智能网联汽车跨国生产制造、医药临床试验和研发、基金市场研究信息共享等 11 个场景，具体划分成 64 个数据类别、600 余个字段。以智能网联汽车为例，包括四个场景：一是跨国生产制造场景，包含汽车生产制造过程中确需跨境流动的生产管理、采购管理、库存管理、质量管理等数据；二是全球研发测试场景，包含汽车研发测试过程中确需跨境流动的车辆设计、测试和管理等数据；三是全球售后服务场景，包含汽车售后过程中确需跨境流动的车辆故障分析、维修以及售后记录等数据；四是二手车全球贸易场景，包含二手车国际销售和定价等确需跨境流动的车辆信息、维保和保险等数据。[1]

　　总体来说，2024 年以来中国加快了放开数据流动限制的步伐，对国际贸易、投资和研发活动来说都是重要利好。上海的实践跟进很快，而且落地细化了。在一般数据清单的编制过程中，临港新片区坚持"一般数据清单 + 负面清单"相结合的工作路径，从正面入手，结合跨境场景细化至具体字段，编制形成可操作、可落地的一般数据清单，同步迭代拓展更多场景、更多领域，以此为基准凝练形成场景化、精细化、可操作的字段级别负面清单。但也必须承认的是，正面场景式来编制许可清单，远远落后于数字化经济的发展。作为阶段性试验或可实施一段时间，长远来看不具可持续性，管理理念和手段都有待现代化。

二、计算设施本地化要求

　　如前所述，从 CPTPP 等高标准国际经贸规则来看，计算设施本地化的要求目前仅允许保留在政府和金融信息等特殊领域，而不得做泛化要求。但是，中国仍坚持这一要求。依照《中华人民共和国个人信息保护法》[2] 第四十条规定，关键信息基础设施运营者和处理个人

---

[1]　杨有宗：《既能放得开又能管得住　上海临港推动数据跨境流动更大力度开放》，《经济参考报》2024 年 5 月 28 日。

[2]　《中华人民共和国个人信息保护法》，中华人民共和国中央人民政府网站 2021 年 8 月 20 日。

信息达到国家网信部门规定数量的个人信息处理者，应当将在中华人民共和国境内收集和产生的个人信息存储在境内；确需向境外提供的，应当通过国家网信部门组织的安全评估；法律、行政法规和国家网信部门规定可以不进行安全评估的，从其规定。

计算设施本地化包括存储境内数据（例如邮件发送、上传至境外服务器）等，过去在中国这个要求主要针对互联网企业，现在明确扩大至所有行业，只要涉及境内运营中收集和产生的"个人信息和重要数据"。对企业来说，计算设施本地化显然增加了额外的投入。外企提出计算设施本地化导致的重复建设，将使得企业在这方面支出比开放市场高出30%—60%。计算设施本地化也必然影响跨境服务的提供，部分未在境内设立运营实体的企业可能因业务开展需要，直接或间接从中国境内收集数据，例如向境内用户提供产品或服务时对用户交易信息的收集，这些没有在地实体的企业也很难建立本地数据中心。

三、个人信息保护

目前隐私保护方面，影响力最大并被援引最多的是欧盟2018年的《通用数据保护条例》（GDPR）和APEC2015年的《隐私框架》。GDPR被认为是目前世界上对个人数据保护力度最大的立法。其建立了三项原则：（1）所有涉及个人信息收取、处理和利用的活动都必须事先取得当事个人的明确同意；（2）数据持有企业分为"数据控制者"和"数据处理者"，二者都负有数据保护的直接责任；（3）在确立安全和充分保护的前提下，鼓励数据，特别是非个人数据，在欧盟内部的自由流动；在严格的条件下，可以允许个人数据转移到欧盟以外。[1]

必须承认，与欧洲 GDPR 相比，中国的《个人信息保护法》标准并不是最高，但是责任分割不太清楚，一律归为信息"处理者"，都赋予一样的要求，使得企业不论大小、涉数据多少，合规风险都居高，同时目前也未明确"标准合同条款""安全港"等一揽子豁免条件。同时，与欧盟强调个人权利保护不同，中国同时强调公权力机关对个人数据的调取权力。依据《中华人民共和国数据安全法》[2]第三十五条，公安机关、国家安全机关因依法维护国家安全或者侦查犯罪的需要调取数据，应当按照国家有关规定，经过严格的批准手续，依法进行，有关组织、个人应当予以配合。这些规定可能会引起国外疑虑，也常成为西方指责中国软件和网络服务提供者不能有效保护外国个人信息的依据之一。

四、跨国公司集团内信息

跨国企业集团因业务或管理需要，向境外集团总部、同一集团内的关联公司或其他第三方提供境内收集或产生的经营数据、产品或服务的用户信息、员工信息、财务数据等，以便境外公司进行管理或分析。其中员工信息的提供除为统一的劳动用工管理目的外，也有可能在员工违纪调查等事项中涉及，例如将含有员工个人信息的调查报告发送给境外管理层。另外，未转移数据但为境外主体提供访问或调用

---

[1]　General Data Protection Regulation(GDPR)-Legal Text, applicable as of May 25th, 2018, https://gdpr-info.eu/.

[2]　《中华人民共和国数据安全法》，中国人大网 2021 年 6 月 1 日。

权限等方式，以及在境内向境外机构展示或允许其在境内查看境内的数据或文件信息，也有可能涉及"数据出境"的合规问题。尽管中国相关法律法规也规定在一定条件下，非关键数据可以跨境，但审批流程和具体条件仍然模糊，特别是事前的安全审查和评估，基本上阻止了实时和便捷的集团数据共享和再利用。

五、强制性数据安全检查

2023 年 4 月 26 日，新修订后的《中华人民共和国反间谍法》[1]正式颁布，于 2023 年 7 月 1 日正式施行。相比此前的版本，《反间谍法》拓宽了间谍行为的认定范围。特别是，《反间谍法》第四条扩大了窃密的对象范围，将"间谍组织及其代理人以外的其他境外机构、组织、个人实施或者指使、资助他人实施，或者境内机构、组织、个人与其相勾结实施的窃取、刺探、收买、非法提供……其他关系国家安全和利益的文件、数据、资料、物品"纳入间谍行为的范畴。

此前，国家安全部门因某日本药企高管涉嫌间谍行为对其实施强制措施，并在另一起执法行动中调查了某外资咨询公司的上海办公室；在《反间谍法》修订稿颁布后几天内，国家安全部门又对上海某咨询机构非法向国内党政机关、重要国防科工等涉密人员获取国家各类敏感信息的案件采取了公开执法行动。[2]尽管目前实践中对于"重要数据"或者"关系国家安全和利益的文件、数据、资料、物品"如

---

［1］《中华人民共和国反间谍法》，中华人民共和国中央人民政府网站 2023 年 4 月 26 日。
［2］李瑞等：《结合〈反间谍法〉修订看涉外调研、统计活动的合规风险》，《中伦视界》2023 年 5 月 24 日。

何界定仍不明确，但总体趋势是国家安全相关的合规监管制度趋于严格。新《反间谍法》对在华从事咨询、调研和其他专业服务的外资机构构成特别大的压力，执法标准有待进一步细化。

除此之外，多项法律法规规定了职能部门有权对信息处理者实施现场调查，查阅、复制相关记录和账簿，检查、扣押设备和物品等。境外公司的高管／员工在中国出差／旅行，或境内公司的高管／员工因差旅访问海外国家，其随身电子产品都可能涉及数据问题，会被要求检查或判定违法。但这些做法没有具体的实施条件、标准和界限，对企业来说连申诉或抗辩的可能通道都没有。目前这种临时性、突击性和结果不明的数据安全强制检查，对企业来说是新的困扰。

第四节　人员的流动

根据欧洲工商管理学院（INSEAD）2023 年发布的国际人才竞争指数（Global Talent Competitiveness Index，简称 GTCI）[1]，在 130 多个经济体的人才竞争力指数排名中，中国排名持续上升，从 2019 年的 45 名上升至 2022 年的 36 名。GTCI 从国内环境、人才吸引力、前景、人才保留、技术与职业技能，以及全球知识技能六个维度来衡量。中国在人才吸引力、人才保留、技术和职业技能三个维度相对滞后，2022 年这三个维度分别排在第 87 名、66 名和 52 名。在东亚国家中，新加坡国际人才竞争力表现突出，2022 年总排名仅次于瑞士，

---

[1] INSEAD: The Global Talent Competitiveness Index, November 2023, https://www.insead.edu/system/files/2023-11/gtci-2023-report.pdf.

排名第二，其中人才吸引力排名第二。国际人才的竞争是全方位的，政策制度面仅是其中一个因素，另外还涉及文化环境的包容性和国际性、工作机会和发展前景，以及生活配套环境等各方面的问题。中国是后发国家，与英美等国历史发展背景不同，生活环境、教育、医疗等与人的生活质量密切相关的指标上仍无法与发达经济体相提并论，因此，在国际人才竞争上，一直以来呈现人才外流的总体态势。但在发展前景和工作机会上，中国对国际人才越来越具有吸引力。

一、人员的临时流动

《服务贸易总协定》（GATS）和高标准 FTA 目前关于自然人流动的规定主要针对临时流动，不适用于寻求获得永久居民、公民身份或长久进入另一方就业市场的情况。经贸协议分类别明确临时进入停留时间承诺，一般而言，高技术、高收入劳动力临时进入可停留时间较长。相较之下，中国关于外国商务人员入境访问或长久居留的许多法律法规体系仍处于建设和完善之中。目前法律依据层次不高，政出多门，且许多政策的制定部门层级过低，造成信息碎片化问题。

目前与外籍商务人士入境密切相关的中国法律法规包括：2013年实施的《中华人民共和国出境入境管理法》及配套的《中华人民共和国外国人入境出境管理条例》《外国人在中国就业管理规定》以及外专办与外国人才相关的多项实施办法和通知[1]。一些重要法

---

[1]　如《关于外国人来华工作许可制度的通知》（外专发〔2017〕40 号）、《外国人才签证制度实施办法》（外专发〔2017〕218 号）等。

律正处于推进建设中，典型如用以替代《外国人在中国永久居留审批管理办法》的 2020 年《外国人永久居留管理条例（征求意见稿）》。而与人才签证相关的操作性细则如人才目录，则由地方制定出台。

2020—2023 年受地缘政治、疫情及其延宕影响，外国人来华数量骤减。2024 年国家移民管理局推出便利外籍人员来华 5 项措施[1]，其中包括对急需来华从事商贸合作、访问交流、投资创业、探望亲属以及处理私人事务等非外交、公务活动的外籍人员，来不及在境外办妥签证的，可凭邀请函件等相关证明材料向口岸签证机关申办口岸签证后入境；在华外籍人员可就近办理签证延期换发补发；在华外籍人员需多次出入境可申办再入境签证。简化在华外籍人员签证证件申办材料。外籍人员申办签证证件时，对于通过信息共享可查询到本人住宿登记记录、企业营业执照等信息的，可免予查验相关纸质证明材料等。

上海近年也逐渐加大了对人员流动的便利化。包括在重点民生服务领域、重点地区的行业单位系统设备适配性改造基本完成，外籍人员可以便利购买飞机票、火车票并乘机乘车，办理宾馆旅店入住手续，持永居证人员可办理银行、证券、外汇等金融业务，办理移动电话和宽带入网等通信业务，办理税务、社保、财产登记、公安交管、海关等政务服务事项。对外国人反映强烈的国际信用卡、移动支付等，也有一系列措施便利其注册使用。但必须承认，信息的过度收集

---

[1]《国家移民管理局推出五项便利措施——不断畅通外籍人员来华渠道》，中华人民共和国中央人民政府网站 2024 年 1 月 12 日。

和隐私保护的不可靠，仍然是外国人在华旅行、经商、学习中反映最强烈的问题。

二、高级人才引进

无论是 GATS，还是高标准 FTA，其放松流动限制主要针对人群是高级技术与专业人才，且各国在 GATS 中的承诺水平往往低于其实际开放水平。在自然人流动方面，高标准 FTA 并未有大的突破，基本延续 GATS 标准。仅部分 FTA 中因地域、文化融合程度等因素而有所突破（如澳大利亚新西兰 FTA）。与多数发展中国家一样，中国在经贸协议中关于自然人流动的承诺较为保守，以水平承诺为主，部门承诺限于少数需要专业技术资质的服务部门，如医疗和牙科服务、会计服务、特定工程服务等。从 GATS 到 RCEP，中国相应承诺的部门范围并没有明显扩大。RCEP 相比 GATS，增加了从事货物贸易或进行投资（包括制造业部门投资）的自然人临时入境相关措施以及相应自然人的配偶和家属入境承诺。

国务院《关于在有条件的自由贸易试验区和自由贸易港试点对接国际高标准推进制度型开放的若干措施》[1] 的第 18 条，积极对接 CPTPP 第 12 章（商务人员临时入境）的具体要求，将试点地区外商投资企业"相关高级管理人员"的临时入境停留有效期放宽至 2 年，并允许随行配偶和家属享有相同的入境和临时停留期限。这项改革仍

---

[1]《关于在有条件的自由贸易试验区和自由贸易港试点对接国际高标准推进制度型开放的若干措施》，中华人民共和国中央人民政府网站 2023 年 6 月 1 日。

有待落地。另外，中国虽然在会计、医疗、翻译、软件和数据处理工程服务、教育服务等方面作出开放承诺，但仍保留采取劳动力市场测试要求或临时入境数量限制等措施，同时对专业资质要求较为模糊，国内实际开放政策的力度还有待加强。

三、资质互认安排或协议

对于以专业资质和认证为基础的自然人移动，各国在服务贸易承诺中包含了部分部门开放承诺，但要求自然人具备相应专业或资历。而在资质国际认可和认证方面，经贸协议通常不包括相关安排。一般，各国通过双边或单边方式或相应专业行业组织互认方式，实现相应专业资质的国际互认。目前中国各地方开始试点境外职业资格考试和认可制度，这类认可制度是与便利化通道试点相挂钩的。一是为外籍人员参加国内相关专业资格考试提供通道，二是建立境外职业资格认可目录或清单，对相关人士提供工作居住相关证件办理的便利措施。目前上海、海南、北京、重庆等省市利用其各自开放平台正在试点推进相关措施。

对于专业资格认证，上海浦东新区已建立起"境外职业资格证书认可清单"和配套的查询验证平台。[1] 同时，为建立国际职业资格和职称评价衔接机制，上海根据《关于深化职称制度改革的意见》（中办发〔2016〕77号）、《关于本市对境外职业资格证书清单项目持

---

[1]《关于印发浦东新区境外职业资格证书认可清单和紧缺清单（2.0版）的通知》，上海市浦东新区人民政府网站2023年4月14日。

证人员提供便利保障服务及职称比照认定的通知》（沪人社专〔2023〕310号），由市人力资源和社会保障局于2024年初组织开展境外职业资格证书清单项目持证人员首批职称考核认定工作。[1]

四、人才工作的行政公开和效率提升

高标准国际经贸规则对自然人流动的行政公开和效率提升做出更高和更明确的要求，包括：及时公开临时入境所需的程序、材料和相关表格文件，公开允许停留时间、手续所需费用等。RCEP 还要求各缔约方尽力在可能条件下，接受电子表格手续申请以及接受经认证的文件复印件代替原件。中国在电子化方面走在前列。上海政府设立了"外国专家在上海"平台网站，提供一站式办事服务，还特别提供"外国人在沪工作相关事项办事指南"，有中、英、日、韩多个语言版本。[2]可以说，在过去数年，上海在外国人才工作的透明度与行政效率方面大幅提高。

目前，签证政策和外国人入境工作和居留等事项是国家事权，但各地在国际人才吸引和相关行政程序上仍有相当大的自由裁量权，主要体现在以下方面：一是地方制定更全面和有可操作性的人才范围标准。典型如各地根据当地产业需求，制定更具体的外国高端人才和专业人才范围（A 类和 B 类），外籍"高精尖缺"人才岗位目录等。在此基础上，根据人才类别，地方政府实施相应的审批便利

---

[1]《上海市人力资源和社会保障局关于开展境外职业资格证书清单项目持证人员首批职称考核认定的通知》，上海市人力资源和社会保障局网站 2024 年 3 月 4 日。

[2]《外国人在沪工作相关事项办事指南》，上海研发公共服务平台网站。

化措施和"绿色通道"。二是地方改造行政流程，便利化和简化审批改革。例如许多地方政府建立外国人工作居留相关事项的单一服务窗口，对不同部门（包括出入境、社会保险、外专局等部门）的审批服务事项进行整合。三是局部区域率先试点出入境相关便利化改革试点。例如上海建立全球科技中心所配套的相关外国人申请签证和永久居留的改革。四是地方推出针对国际人才的配套政策，主要包括税收补贴、住房、就医、子女就学、配偶出入境等方面领域的配套政策。

上海相关国际人才政策的制定和实施同样是高度下放和分散的状态，上海通过多层面推进改革试点和便利化通道。例如浦东新区要建立全球高端人才引进"直通车"制度，并发布其国际职业清单认可目录，临港新片区有其国际人才政策（包括高层次海外人才税收补贴、绿色通道和相应目录）、自贸试验区和全球科创中心有相应的出入境和永久居留改革试点。这些分散化而高度下放的政策有利于地方进行自主性改革，但所有这些政策都还需及时进行信息集成，过于分散的政策信息，不利于形成稳定、透明化的制度环境，也不利于持续吸引国际人才。

第五节　服务业开放

相较于制造业，服务业的开放涉及更多敏感领域，如金融、新闻传媒、基础电信、专业服务等，都是传统上被认为与公共安全密切相关的领域，向外资的开放不只涉及竞争问题，还有政治、意识形态、文化、社会等问题。尽管在自贸试验区成立以后，一直在推动向外资准入的负面清单管理模式转型，但服务业的开放，则是按照正面清单模式，而且往往选择少数几个区域试行部分业务的开放。鉴于制造业外资准入限制已经很少，当前，与 CPTPP 对齐，对服务业开放也采取负面清单模式，是外资准入开放的第二项难题。

一、服务业准入负面清单

按照 WTO 框架下 GATS 的规定，服务贸易被认为包括四种形态：商业存在，跨境服务提供，跨境服务消费，自然人流动。[1] 其中，商业存在形式的服务贸易实际上就涉及服务业的外资准入问题。考虑到 WTO 成员发展水平的差距，GATS 下的成员服务业开放承诺仍然适用正面清单模式，承诺分为水平承诺和具体承诺两类，限制分为市场准入限制和国民待遇限制两项。相对于大多数发展中国家，中国在 GATS 下做出的取消限制的承诺清单内容是更多的。但近年来，随着越来越多的国家，包括一些发展中国家，向负面清单转型，中国服务业开放的脚步显得较慢。即使是在 RCEP 框架下，日本、韩国、新加坡、越南、菲律宾等成员都已对服务业开放采用负面清单模式，而中国仍未作此承诺。如果对标 CPTPP，那么服务业开放向负面清单转型可能是中国加入 CPTPP 的前提条件之一。

从 CPTPP 全部成员的负面清单与 RCEP 下部分成员的负面清单承诺来看，大多数国家都将包括国家安全、能源、传媒、基础网络、金融等战略性行业纳入负面清单，尽管这样，清单长短和分类的方

---

[1]《服务贸易总协定》中文译本，中华人民共和国商务部网站 2007 年 11 月 2 日。

式上各国仍然差别很大。另外，限制的条件包括股本比例、年限、合资要求或股份转让要求等，不一而足。其中，新加坡作为营商环境和开放度最高的成员之一，其负面清单有先进性，但同时也保留了诸多关键产业的限制措施，如在CPTPP下保留了金融25项限制措施。但无论负面清单长短，先进国家做法的共同特点是限制措施是明确的、细化的和统一的。就近年来不断缩短的中国外资准入负面清单来看，条目不多，但十分宽泛，行政部门有很大的自由裁量权，对企业来说这样的清单不具可预见性。将具体清单内容与新加坡进行比较，可以发现，规定得越粗略的，负面清单的实际开放效果越弱。

2023年10月，国家主席习近平在第三届"一带一路"国际合作高峰论坛开幕式上发表主旨演讲时提出，中国将全面取消制造业领域外资准入限制措施，也将在服务业推动负面清单开放模式。这意味着继《外商投资准入特别管理措施（负面清单）（2021年版）》之后，就没有制造业负面清单了，应当只有一张服务业负面清单。[1]这将为服务业开放带来新的契机。

二、跨境服务负面清单

2018年9月，上海首先编制印发了《中国（上海）自由贸易试验区跨境服务贸易负面清单管理模式实施办法》以及《中国（上海）自由贸易试验区跨境服务贸易特别管理措施（负面清单）（2018

---

[1] 2024年9月8日发布了2024年版负面清单，限制措施减少到29条，除出版物印刷和中药生产方面两项限制外，制造业限制措施"清零"，余下的都是服务业负面清单，但服务业准入实际情况复杂。

年）》。2021 年 7 月，商务部发布了《海南自由贸易港跨境服务贸易特别管理措施（负面清单）（2021 年版）》，并宣布这是中国在跨境服务贸易领域公布的第一张负面清单。二者的区别在于，上海跨境服务贸易负面清单是当时法律法规的整理，因为地方权限的问题，并未做到缩减或改革。海南的负面清单明确列出针对境外服务提供者的 11 个门类 70 项特别管理措施，商务部强调"凡是在清单之外的领域，在海南自由贸易港内，对境内外服务提供者在跨境服务贸易方面一视同仁、平等准入"。

但是，2021 年版海南跨境服务贸易负面清单从形式到内容与 CPTPP 等高标准国际协定的要求仍有差距。首先，在该负面清单中并未标注相关措施涉及的国民待遇、市场准入、最惠国待遇等要求，行业分类采取中国的国民经济行业分类方式，而非联合国 CPC 分类，这些与国际高标准经贸协定有所差异，其次，该负面清单中相关法律法规依据并未梳理清晰，相关条款涉及的法律法规和政策文件存在一定的冲突和不一致之处，在清单之外仍然存有限制措施，在很大程度上制约了相关跨境服务贸易开放措施的落地；再次，从各国的服务业负面清单来看，很难将投资准入与其他三种形式的跨境服务贸易分割开来，因此外商投资负面清单中服务业部分与跨境服务负面清单有必要合并。[1] 当然，上海 2018 年版跨境服务贸易负

---

[1] CPTPP 协定的负面清单包括：（1）附件一为现有不符措施保留，含静止（standstill）和棘轮（ratchet）条款，即缔约方承诺该类措施在未来不再加严的义务，并锁定未来的任何自由化措施。（2）附件二为未来不符措施保留，指缔约方未来就是否开放保留自由裁量权的服务部门或分部门。（3）协定附件三是关于金融服务的负面清单附件。附件一和附件二都同时包括投资和跨境服务提供。

面清单差距更大。

2024 年 3 月，商务部发布了《跨境服务贸易特别管理措施（负面清单）》（2024 年版）和《自由贸易试验区跨境服务贸易特别管理措施（负面清单）》（2024 年版）。前者不符措施 71 项，后者不符措施 68 项，数量上似乎没有太大区别，但具体内容上还是有一定区别。如全国清单中，外籍个人不得参加 7 项职业考试，自贸区清单则不得参加 3 项。但执行中可能面临的问题是，在自贸区参加其他四项考试并获得资格是否能在全国范围内执业？诸如此类的问题还很多。

三、第二道门或"隐形门"

之所以服务业的负面清单较之制造业要复杂得多，是因为服务领域的开放都涉及非常困难的具体痛点，包括：科技脱钩与技术转移、自然人流动与资质认证、金融安全、数据管理与跨境、意识形态等敏感问题，一些行业对内资都严控准入，或要求国有合资。特别是受疫情与俄乌冲突影响，涉及物流和人员流动的服务业举步维艰。负面清单的另一深层次问题是实质开放和形式开放的关系，事实上，为了实质开放，往往需要采取正面清单模式才能有效推进。

以旅游业为例。2003 年，国内旅行社市场就已经对外资开放，外资可以在华设立独资、控股或合资旅行社，但外资旅行社只能经营国内游和入境游，不得经营出境业务。2009 年 5 月 1 日实施的《旅行社条例》中，取消了关于外商投资旅行社不得设立分支机构的限制，并规定外国投资者在中国境内可设立中外合资、中外合作、外商独资旅行社。[1]与此同时，外资旅行社在中国境内取得经营许可满两年，且无违反其他规定的，与国内旅行社享受同等待遇，可申请经营出境旅游业务。2022年，国家旅游局和商务部联合发布《中外合资经营旅行社试点经营出境旅游业务监管暂行办法》，提出试点在已经批准设立的中外合资经营旅行社中，选择一部分业绩突出、管理规范的旅行社进行。[2]之后，上海自贸区与北京相继开展了试点。之后，国务院发布《关于同意在天津、上海、海南、重庆暂时调整实施有关行政法规规定的批复》，才正式允许在上海、重庆设立符合条件的外商投资旅行社从事除台湾地区以外的出境旅游业务。[3]

从上面的例子可以看到，即使在法规或政策已经放开限制的情况下，仍然花费了十余年来进行试点和推广，反映的就是"第二道门"或"隐形门"问题。在涉及具体项目时，如果仍然迟迟不审批，或加诸各种条件，那么对外资来说，准入是未落地的，而且不可预见审批结果，增加很多风险和成本。负面清单的根本要求是透明度和可预见性，即投资者能够判断其项目不会因为不确定的审批流程而被否定。负面清单关键在于从实体条件和程序两方面，提供一种确定性。开放度实际上是负面清单的产物，但并不是它的关键意图。综上，服务业的开放，仍然首先要强调开放承诺的落实，落实不仅是项目落地，更应当是保障制度和流程的常态化。

---

[1]《旅行社条例》，中华人民共和国中央人民政府网站2009年2月26日。

[2]《中外合资经营旅行社试点经营出境旅游业务监管暂行办法》，中华人民共和国中央人民政府网站2022年9月26日。

[3]《国务院关于同意在天津、上海、海南、重庆暂时调整实施有关行政法规规定的批复》，中华人民共和国中央人民政府网站2022年10月8日。

四、服务业的国内规制

相较于货物贸易障碍多属于边境措施（如关税、配额等），服务贸易的障碍多属于边境后的政府管理措施。随着服务业开放的扩大，服务业国内规制问题也逐渐成为当前国际协调的重点。CPTPP 服务贸易章节特别强调国内服务贸易环境的提升，要求各类对服务业进行管理的措施应当公平、合理和透明，使各缔约方的服务及服务提供者获得非歧视待遇。CPTPP 的要求包括政策透明的全周期化、严格工作程序时限、支持资质互认、鼓励政策交流及能力建设等。尤其是资质互认方面，CPTPP 第 10.9 条专门作出规定，并在涉及从业资格最多的专业服务章节列出了更具操作性的纪律。

在透明度方面，CPTPP 要求缔约方确保跨境服务贸易的规制透明化，要求成员在通过或采纳相关法规前，应提供事先通知及反映意见的机会。在法规公布和生效之日间应有合理期间，从而使企业（服务提供者）有机会调整和准备。另外，本条试图使其他缔约方服务提供者申请授权（许可）的程序更为透明和简化，要求缔约方在可行范围内对此类申请程序建立指示性的框架，通知申请人其申请状态，如果拒绝申请则应提供原因或理由。主管机构审核资格证照申请时，应在合理时间内完成，并给予申请资料不完整的补正机会、受理申请进度的查询，确保收取合理的处理费用等。如果经考试才能获得许可或资质要求，则缔约方应确保考试存在合理的间隔时间，为利害关系人提交申请提供合理的时间等。[1]

---

[1]　石静霞：《CPTPP 规则解读｜服务贸易规则》，中国法学会世界贸易组织法研究会网站 2021 年 9 月 24 日。

2021年在《上海市服务业扩大开放综合试点总体方案》中提出，要全面落实《上海市优化营商环境条例》，对标最高标准、最高水平，打造贸易投资便利、行政效率高效、政务服务规范、法治体系完善的国际一流营商环境，为各类市场主体投资兴业营造稳定、公平、透明、可预期的发展环境；建立法治保障机制，建立调解、仲裁、诉讼等有机衔接、相互协调的多元化国际商事纠纷解决机制，构建纠纷解决"一站式平台"；建立健全外商投资企业投诉工作机制，保护外商投资合法权益；探索开展数字营商环境建设工作，对标国际高标准高水平规则，加强先行先试，优化提升数字营商环境，打造吸引相关海外投资的优选地。[1]

可见，在过去十余年的上海实践里，仍然是从营商环境和事中事后监管角度考虑服务业监管的机制体制问题，其底层逻辑仍然是如何给商事主体行方便、松包袱。但实际上，无论是程序还是透明度问题，服务业的国内规制相关规则都更多地针对约束政府行为，是给政府加包袱、加责任、加硬约束。对政府任何以事前或事中事后监管名义进行的立法、执法等，都要求遵守非歧视和可预见的基础原则，要求程序公正，而且规则越来越细化。

第六节　公平竞争

公平竞争将是制度型开放面临的最基础问题之一。公平竞争政

---

[1]《上海市服务业扩大开放综合试点总体方案》，中华人民共和国中央人民政府网站2021年4月21日。

策的范围不限于反不正当竞争与反垄断，泛指平整企业竞争场所（leveling the playing field）的相关政策。公平竞争制度已经成为不可回避的问题，它与国有企业改革的方向是一致的。目前国有企业改革仍然集中在民营或外资参股问题，即股权结构改革，但实际上关键是要削弱国有企业因其属性可能具有的不公平优势。

一、不分属性的机会均等

过去数年，对于营商环境的对标，主要参照的是世界银行《全球营商环境报告》，该报告采用的一级指标包括开办企业、办理施工许可、电力获取、财产登记、获得信贷、保护少数投资者、纳税、跨境贸易、执行合同、办理破产和劳动力市场监管。2021 年 9 月，世界银行宣布停止发布《全球营商环境报告》，并转采另一评价体系。原有评价体系（Doing Business，简称 DB）主采企业全生命周期评价指标，而新的评价体系（Business Enabling Environment，简称 BEE）中，关于"软环境"的指标将大幅增加，包括企业准入、获取经营场所、市政公用服务接入、雇佣劳工、金融服务、国际贸易、纳税、解决纠纷、促进市场竞争和办理破产等领域。当前国际投资政策趋势中的许多新要求新角度，如法制水平、劳工标准、知识产权保护水平、环保标准等都可能被纳入 BEE，简言之，营商环境评价将全面转向以公平为核心的指标体系。

2023 年 8 月发布的《国务院关于进一步优化外商投资环境　加

大吸引外商投资力度的意见》[1] 第三点"保障外商投资企业国民待遇"包括三个重要事项：（1）保障外商投资企业依法参与政府采购活动。尽快出台相关政策措施，进一步明确"中国境内生产"的具体标准。研究创新合作采购方式，通过首购订购等措施，支持外商投资企业在我国创新研发全球领先产品。推动加快修订政府采购法等；（2）支持外商投资企业依法平等参与标准制定工作。推进标准制定、修订全过程信息公开，保障外商投资企业与内资企业依法平等参加标准化技术委员会及标准制定工作。鼓励外商投资企业自行制定或与其他企业联合制定企业标准，开展标准化服务等；（3）确保外商投资企业平等享受支持政策。各地出台的支持产业发展、扩大内需等政策，除法律法规有明确规定或涉及国家安全领域外，不得通过限定品牌或以外资品牌为由排斥或歧视外商投资企业及其产品和服务，不得对外商投资企业及其产品和服务享受政策设置额外条件。

这是对外资呼声较高的公平竞争待遇问题作出了回应。2024 年 2 月发布的《扎实推进高水平对外开放更大力度吸引和利用外资行动方案》[2] 再次明确了以上三点，并且明确纳入到"优化公平竞争环境"下。《行动方案》要求，清理违反公平竞争的行为和政策措施；及时处理经营主体反映的政府采购、招标投标、资质许可、标准制定、享受补贴等方面对外商投资企业的歧视行为，对责任主体予以通报并限期整改；加快制定出台政府采购本国产品标准，在政府采

---

[1]《国务院关于进一步优化外商投资环境　加大吸引外商投资力度的意见》，中华人民共和国中央人民政府网站 2023 年 8 月 13 日。
[2]《扎实推进高水平对外开放更大力度吸引和利用外资行动方案》，中华人民共和国中央人民政府网站 2024 年 2 月 28 日。

购活动中对内外资企业生产的符合标准的产品一视同仁、平等对待；全面清理妨碍统一市场和公平竞争的政策措施。这些整顿竞争场所的政策如能切实执行，将极大地减少与国际高标准营商环境之间的差距。

二、竞争中立与国有企业特殊待遇

公平竞争制度强调任何企业不因所有权属性而处于有利或不利的地位。从目前实践趋势来看，特指国有企业不因与政府的特殊关系而取得不当的竞争优势。公平竞争原则经由国内法、区域法、多边协议及国际软法等各种方式的法治化演进，已经形成较为一致的具体要求。目前比较公认的是 OECD 对竞争中立的定义。OECD 在《关于国有企业公司治理的指引》[1]、《国有企业和竞争中立原则》[2]、《竞争中立：维持国有企业和私营企业间的公平竞争环境》[3]、《竞争中立：理事会建议》[4] 等多份专项工作报告中，形成了竞争中立核心定义和要求：即在法律框架设定和具体执法或监管中，在市场环境中的各种企业，无论是公共的还是私有的，都面对相同的规则体系，不应当享受来自政府给予的不公平优势。

---

[1] OECD Guidelines on Corporate Governance of State-Owned Enterprises, 2015, https://www.oecd.org/corporate/guidelines-corporate-governance-soes.htm.

[2] State Owned Enterprises and the Principle of Competitive Neutrality, 2009, https://www.oecd.org/daf/competition/46734249.pdf.

[3] Competitive Neutrality: Maintaining a Level Playing Field between Public and Private Business, https://www.oecd-ilibrary.org/industry-and-services/competitive-neutrality_9789264178953-en.

[4] Recommendation of the Council on Competitive Neutrality, 2021, https://legalinstruments.oecd.org/en/instruments/OECD-LEGAL-0462.

国际经贸规则中公平竞争制度最常见的表述是"竞争中立"（Competitive Neutrality），主要针对国有企业享有的特殊待遇。一直以来，"竞争中立"制度对中国来说是重大挑战，针对中国的意味也非常强。尽管 OECD 的各项文件并不具有约束力，但是其对国有企业具有不公平竞争优势的担忧和反对，也反映在多国商会和机构关于外资对中国营商环境的各类评价问卷中。在 CPTPP、USMCA 和欧日经济伙伴协定中都包括了"竞争中立"条款。这些条款原则上并不要求进行国有企业改革，但通常会包括对国有企业的界定、商业考量和非歧视要求、公正规则、非商业援助、透明度原则、政府采购、标准制定、例外条款和争端解决机制和附件等内容，尤其在核心义务（即非歧视待遇、商业考量、非商业援助和透明度）上会进行详细规范。

中国目前对"竞争中立"规则的接受仍是迟疑的、态度不明的。2017 年，国务院印发《"十三五"市场监管规划》[1]，在论述竞争政策作为基础性经济政策时，指出"要以国家中长期战略规划为导向，充分尊重市场，充分发挥市场的力量，实行竞争中立制度，避免对市场机制的扭曲，影响资源优化配置"。直到 2019 年，这一概念在多个官方场合被提及，但近几年却趋于弱化，也反映实际性的改革并未有效推进。同时，国内针对平台经济的反垄断行动却异军突起，但这并不是"竞争中立"制度的主要指向。值得关注的是，2022 年底，在中央经济工作会议以及多个重要场合，中央都重提"公平竞争"，要促进国企改革，并为民营企业和外资企业打造更公平的竞争

---

[1]《"十三五"市场监管规划》，中华人民共和国中央人民政府网站 2017 年 1 月 23 日。

环境。

值得注意的是，对于国有企业或公共机构的界定，长期以来就有争议[1]，在多个领域，如贸易、投资、金融、税收、债务等，都涉及对"公共机构"的定义，而且有从宽定义的趋势。目前较一致的定义是：国有企业是国有资本具有控制力的企业，即使并不占股权多数，但在表决或实际运营中有控制力即可。[2]在CPTPP等协定中，都要求成员间公开国有企业名单，即透明度要求。除了公开的央企名录和上市公司外，目前在私营层面有大量国有持股和参股，包括公募基金和国有投资银行。另外，地方政府各部门参股持股的许多企业也未能清理完毕。中国各层面、各行业、各条线上的国有企业信息，可能比预计的要复杂。为了加入CPTPP，是否要向其他成员公开，公开到什么程度，都是难题。

另外，中国确实存在企业股权结构日益复杂的情况，国家参股的情况在一些关键产业越来越多，有必要厘清这些企业的公共性质和法律定位。从方向来看，未来需要保障竞争政策的公平实施，控制目前执法仍以民营和外企为主要目标的趋势；加大对行政垄断的审查力度，制止政府对市场竞争的不良干扰；提升履行竞争政策和执法活动透明度义务的认识，增强竞争执法过程中的程序公正，并为当事人提供合理的机会和渠道进行抗辩。

[1] See Xiaowen TAN, The "public body" enquiry in WTO disputes: implications for partial privatization, *Journal of International Trade Law and Policy*, Vol.21, No.2, pp.140—159, 2022.

[2] Recommendation of the Council on Competitive Neutrality, 2021, https://legalinstruments. oecd.org/en/instruments/OECD-LEGAL-0462.

第七节　可持续发展

近年来全球贸易、投资政策的重大趋势之一，是可持续发展目标被纳入到政策框架内，涉及人权、环境保护、劳动者保护等敏感问题，要求经济活动朝向和支持联合国 2030 年可持续发展议程目标的实现。过去 20 年，可持续发展内容已经成为上市公司和跨国公司年报披露的重要内容，但仍属自愿披露范畴，是否披露、披露标准、方式等，都没有强制要求。这样的情况正在改变，近几年已经全面渗透至贸易、投资政策中，新近的国际经贸协定、国际组织文件、单边法律和政策都在增强该项要求的强制力。

一、全供应链贯彻

2024 年 6 月，欧盟通过了《公司可持续发展尽职调查指令》[1]，以解决对欧盟公司和供应欧盟市场的全球供应链中的人权和环境影响的关注。尽职调查指令对大型欧盟和第三国公司以及某些"高风险"行业的小型公司施加强调性企业尽职调查义务，涵盖公司自身运营及其子公司，以识别并采取措施防止和禁止供应链中存在侵犯人权、违反环保等行为。尽职调查指令涵盖欧盟内部的大公司及其海外子公司、分公司，而且对董事个人加诸特别的注意义务，该指

---

[1] Directive(EU) 2024/1760 of the European Parliament and of the Council of 13 June 2024 on corporate sustainability due diligence and amending Directive(EU) 2019/1937 and Regulation(EU) 2023/2859(Text with EEA relevance), 13 June 2024, https://eur-lex.europa.eu/legal-content/EN/TXT/?uri=OJ:L_202401760.

令要求具有调查权的成员国国家监管机构实施的行政措施以及潜在的民事责任来执行这项指令。在此之前，欧盟委员会发布了一份关于全球体面工作的通讯[1]，概述了在全球范围内解决强迫劳动和促进体面工作的计划——包括一项禁止欧盟市场上使用强迫劳动或童工生产的产品的提案。尽职调查指令还将补充可持续金融披露条例和分类条例。

与尽职调查指令同期，欧盟还通过了《可持续产品生态设计规定》（ Ecodesign for Sustainable Products Regulation, ESPR ）[2]，作为"可持续产品倡议（SPI）"的重要组成部分。ESPR 规定，产品必须遵守生态设计要求，才能进入欧盟市场流通或投入使用。其目的是提高产品的环境可持续性，并减少产品在其生命周期内的总体碳足迹和环境足迹。此外，ESPR 还就产品数字护照、绿色公共采购和禁止销毁未售出的消费品等方面做出了具体要求。值得企业注意的是，ESPR 计划覆盖被投放到欧盟市场或投入使用的所有商品，包括零部件和中间产品。[3] 尽管实施将会分步进行，但欧盟可持续发展的全供应链贯彻决心是肯定的，不仅要针对国内生产，也要对供应欧盟市场的所

---

[1]　Decent work worldwide, SOC/727-EESC-2022-01-01, https://www.eesc.europa.eu/en/our-work/opinions-information-reports/opinions/decent-work-worldwide.

[2]　Ecodesign for Sustainable Products Regulation, entered into force on 18 July 2024, https://eur-lex.europa.eu/legal-content/EN/TXT/?uri=CELEX%3A32024R1781&qid=1719580391746.

[3]　Ecodesign for Sustainable Products Regulation：Making sustainable products in the EU the norm, https://commission.europa.eu/energy-climate-change-environment/standards-tools-and-labels/products-labelling-rules-and-requirements/sustainable-products/ecodesign-sustainable-products-regulation_en, https://op.europa.eu/en/publication-detail/-/publication/4d42d597-4f92-4498-8e1d-857cc157e6db.

有产品施加要求。

目前，欧盟至少从碳边境调节机制（CBAM）[1]和 SPI 两个方面，积极构建其对外的绿色贸易规则。一方面，通过 CBAM（也就是利用碳价），平衡进口产品与欧盟本土产品的碳排放成本；另一方面，在SPI 的框架下，为欧盟市场上所有本土和进口的产品设置可持续门槛。从设立规则的角度，CBAM 和 SPI 在一定程度上是互为补充的政策手段，一个以经济调节为表现手段，另一个则以技术标准为表现手段，二者都具有重塑或影响欧盟及全球供应链的功能。[2]需要注意的是，从已公布的覆盖范围来看，SPI 所覆盖的产品范围远远超过了 CBAM；并且前者不仅关注了直接的碳排放，还关注整个生命周期的碳足迹和环境足迹。欧盟对可持续发展的规则塑造，直接作用于企业，迫使跨国经营的企业遵守更高的要求，从而进一步推高全球标准。

二、劳工权益设定

为了达到公平竞争的目的，发达国家近年来趋向于要求更多的东道国接受和执行可持续发展标准，并将之纳入到国际协定和条约中，如被搁置的中欧 CAI 中就要求中国也要参加两项人权公约。CPTPP则要求缔约国在国内法和相关实践中"采纳和维持"两类劳工权利：第一类为 1998 年《国际劳工组织关于工作中基本原则和权利宣言》

---

[1] Regulation(EU) 2023/956 establishing a Carbon Border Adjustment Mechanism, 10 May 2023, https://eur-lex.europa.eu/legal-content/EN/TXT/?uri=celex%3A32023R0956.

[2] 《欧盟通过〈可持续产品生态设计法规〉，服装鞋类纺织品或将作为首批管控产品》，碳衡科技 2024 年 5 月 8 日。

载明的基本劳工权利，即结社自由和有效承认集体谈判权，消除一切形式的强迫或强制劳动，有效废除童工，消除就业和职业歧视（第19.3.1 条）；第二类为与最低工资、工作时间、职业安全及健康相关的可接受的工作条件（第 19.3.2 条）。

中国于 2022 年批准 1930 年的《强迫劳动公约》和 1957 年的《废除强迫劳动公约》，但仍未批准 1948 年的《结社自由与保护组织权公约》、1949 年的《组织权与集体谈判权公约》，它们分别对应强迫劳动、结社自由和集体谈判权。值得注意的是，"强迫劳动"概念在欧美标准中有泛化的趋势，而中国《劳动法》《劳动合同法》等相关立法关于废除强迫劳动的规定，在主体、形式上和使用范围上均与国际劳工标准存在差异；再如中国《工会法》关于工会的组建必须报上一级工会审查批准的规定，与劳工公约规定的"自由建立和参加自己选择的组织"和"无需事先批准"结社自由之间也存在差异。

总体来看，包括美国所谓的《维吾尔强迫劳动防止法》、欧盟的《欧盟市场禁止适用强迫劳动产品条例》等法案，都被认为针对中国的意图十分明显。在政治上必须谴责这种妄加罪名干预市场的歧视性行为，但是从需在欧美拓展市场的企业角度来看，不得不在相异的制度缝隙间寻求生存。发达国家政策变化直接影响了跨国公司投资目的地选择，也影响到全球供应链伙伴的选择，所以可持续发展对营商环境评价和跨国公司投资决策的影响，未来可能会进一步加大。

三、可持续发展披露要求与条件

可持续发展目前在大多数国家仍是软法要求，即加强信息披露和尽职调查。但是，可持续发展要求正在趋向变成硬法，在许多项目融资、投资与公共采购中，可持续发展已经成为重要条件之一。因此，即使没有直接硬性的国内法或国际条约的约束，可持续发展已经在影响全球跨国公司的行为和决策。针对不同对象，当前可持续发展监管措施可大致分为两类：一类具有强制性，面向上市公司或部分特定企业，通过行政法规，强制其披露符合最低标准的可持续发展相关信息；另一类带有激励性要求，通过绿色投资等市场化手段激励企业披露可持续发展信息。

中国上市公司可持续发展信息披露主要依靠政府部门引导，交易所出台相关政策细化落实。关于企业环境信息披露，最早由国家环境监管部门提出。2020 年深交所发布《深圳证券交易所上市公司信息披露工作考核办法（2020 年修订）》[1]，加上了第十六条"履行社会责任的披露情况"，首次提及了可持续发展披露，并将其加入考核。2020 年上交所发布《上海证券交易所科创板上市公司自律监管规则适用指引第 2 号——自愿信息披露》[2]，指引的第十四条是"环境、社会责任和公司治理"自愿信息披露。作为对照，香港联合交易所相较于内地两家交易所更早地对上市公司可持续发展信息披露作出强制性要求[3]，尤其是 2019 年 12 月扩大强制披露范围并将可持

————————

[1]《深圳证券交易所上市公司信息披露工作考核办法（2020 年修订）》，深圳证券交易所网站 2020 年 9 月 4 日。

[2]《上海证券交易所科创板上市公司自律监管规则适用指引第 2 号——自愿信息披露》，上海证券交易所网站 2020 年 9 月 25 日。

[3] 香港联交所自 2012 年起发布《环境、社会及管治报告指引》，至 2016 年开始强制披露第一期实施，2019 年应新的情势变化再做修订。参见德勤：《香港联合交易所〈环境、社会及管治报告指引〉修订影响及应对》，德勤官网 2019 年 12 月 20 日。

续发展全部事项提升为"不遵守就解释"，至此新版可持续发展指引中，除"独立验证"为建议性条款外，所有指标均为强制披露条款。另外，沪深两市也缺乏可持续发展信息的审计机制。作为比较，81%的罗素 1000 指数公司在 2021 年发布了可持续发展报告，其中市值最大的一半公司（即标准普尔 500 指数公司）接近 100% 发布了可持续报告。[1]

在可持续发展投资方面，国内目前以绿色金融、普惠金融为核心，出台了一系列政策引导，推动商业银行、公募基金等各类金融机构开发更多绿色贷款、绿色债券、绿色基金、碳金融产品等基于可持续发展投资理念的金融产品，引导资金向清洁、低碳、环保的企业和项目倾斜，"以可负担的成本为有金融服务需求的社会各阶层和群体提供适当、有效的金融服务"[2]，推动经济社会绿色、可持续发展。绿色金融和普惠金融的方向定位与可持续发展要求一致。目前的问题集中在：在缺乏强制性标准的情况下，如何评价这些金融政策对投资的支持与引导力度？在企业关心的优惠融资条件中，有无可能发布更具体的规则，支持面向不同所有权属性的企业朝向可持续发展目标的努力？

第八节　知识产权保护

尽管知识产权法的原则本身是保护以创新为基础的公共利益，但

---

[1]《G&A Institute 的新研究显示，美国最大上市公司的可持续发展报告在 2021 年达到历史新高》，ESG 新闻网 2022 年 11 月 16 日。

[2]《国务院关于印发推进普惠金融发展规划（2016—2020 年）的通知》，中华人民共和国中央人民政府网站 2016 年 1 月 15 日。

是在近年国际经贸规则的谈判中，通过提高知识产权保护标准维护本国跨国公司和产品的利益，是明显的趋向。许多国家间的知识产权规则上的博弈也是围绕关键产业的利益展开。比如专利的衔接权、气味专利、生物医药实验数据的保护等，都是为了争夺和巩固在包括生物医药、精密仪器、智能制造、数字贸易等领域的竞争优势。根据既有的产业发展情况，医药制造业，专业设备制造业，电气机械及器材制造业，通信设备、计算机及其他电子设备制造业等是中国的专利密集型产业，可以逐步对接高标准经贸规则提高保护标准。还有一些特色产业工艺、传统知识、遗传资源、地理标志等，中国也可进一步加大保护力度。

一、执法强化

长期以来外部对中国诟病较多的是知识产权执法问题。尽管在法律政策方面近年来都再三强调严格执法是营商环境的内容，市场上的知识产权侵权行为仍不断出现，执法面临成本高昂的问题。一是可以考虑继续改进赔偿计算方法、惩罚性赔偿。CPTPP 规定权利人可以选择法定赔偿、附加赔偿，其中后者包括惩罚性赔偿。二是加强边境措施的规定。CPTPP 对于知识产权边境执法做出了较为详细的规定，如要求缔约方对盗版、假冒商标的商品可依申请扣留；保障权利人的知情权；规定侵权货物的处置。三是细化相关细则。最新的《商品交易市场知识产权保护规范》(2022 年) 可能有助于执法改进，但仍需细化一些程序性规定和提高违法成本与发现风险。

CPTPP 将具有"商业规模"的犯罪行为区分为两种：一种是，

为商业利益或经济收入目的而实施的行为；另一种是，虽非为商业利益或经济收入目的，但对权利人在市场相关的利益产生重大不利影响的重要行为。换而言之，"以营利为目的"并非构成犯罪的必要条件，只要行为对权利人在市场上相关的利益产生重大不利影响，即可满足侵犯著作权的犯罪行为。相较之下，中国刑法采用的"情节严重"或"情节特别严重"的法律用语，可能存在须出台进一步明确标准的司法解释或修法的必要。

2023年8月，国家市场监管总局印发《关于新时代加强知识产权执法的意见》，提出建立完善知识产权执法机制，强化对大案要案的组织查办和督查督办，依法平等保护各类经营主体的知识产权。[1]其中，特别提出要加强外商投资领域和老字号品牌的知识产权保护，集中解决企业反映比较集中的问题，加大对假冒仿冒相关公众所熟知的商标、恶意抢注商标等违法行为的打击力度，依法平等保护内外资企业的知识产权。另外，关于刑事责任追究，也提出要完善行刑衔接机制，加强与公安机关的信息共享、情况通报、线索研判，对于重大复杂案件，视情况请公安机关提前介入，增强对侵权假冒违法行为的打击合力。但与以往的许多政策意见一样，《意见》的可操作内容和具体措施并不明确。同样的问题也存在于上海知识产权局发布的《2024年上海市知识产权行政保护工作实施方案》。[2]

---

[1]《市场监管总局关于新时代加强知识产权执法的意见》，中华人民共和国中央人民政府网站2023年8月8日。

[2]《2024年上海市知识产权行政保护工作实施方案》，上海市知识产权局网站2024年5月13日。

二、扩展保护试验阶段

在生物医药领域，由于投入大、周期长、风险高，越来越多的国家考虑将试验阶段也纳入知识产权保护范畴。美国药品知识产权保护分为：一是以专利为基础的法律保护；二是以行政限制为基础，对某些药品申请数据的排他权保护。发明专利期是自申请日起 20 年，专利是一种知识产权，由美国专利与商标办公室（USPTO）管理。数据排他权则涉及发明过程中出于数据保护的某种延期以及通过补充申请附加在申请上的排除性权利，被设计用来平衡新药创新和仿制药竞争以提高药品公众可及性的制度，由联邦食品药品监督管理局（FDA）负责授权。

美国在专利方面对药品的特殊保护制度是药品专利期延长制度（PTE），即用延长一段专利期的方式补偿在临床试验和药品上市审评（NDA）阶段占用的时间。《Hatch-Waxman 法案》在 FDA 和 USPTO 之间设立了链接机制，以专利延长期的形式补偿新药审批过程中损失的专利独占期。针对一些特殊的药品，美国还规定了更长的独占权时间。

除专利权外，数据排他权是美国《生物制品价格竞争与创新法案（BPCIA）》[1] 的重要内容，BPCIA 为生物仿制药和可互换性生物制品提供了简化许可途径，并首次为创新生物制品提供独占期，建立了生物仿制药和可互换性生物制品的审评审批制度和创新生物制品的

---

[1]　Biological Product Innovation and Competition Act, 2009, https://www.fda.gov/drugs/biosimilars/biological-product-innovation-and-competition.

数据保护制度。考虑到生物医药的研发周期长、要求高、风险大，数据的独占时间对于补偿生物制品研发投入至关重要。在之前的立法提案中，曾提出数据排他权最长可达 14 年，不过最后通过的 BPCIA 规定的是从 FDA 批准之日起 12 年的时间。并且，数据排他权从获得上市许可之日起延伸，该保护期与生物制品的任何剩余专利期限保护同时进行。与美国的规定相比，《中华人民共和国药品管理法实施条例》第三十四条对药品试验数据保护作出规定：对含新型化学成分的药品提供 6 年数据保护期。

在中国，原研药数据保护仍是一个涉及多方利益平衡的复杂问题。目前占据全球领先地位的制药企业多为美企，所以美国更倾向于对其提供充分保护。这些美国制药企业在中国投资巨大，同时也将大量新药研发外包给中资企业，上海集聚了大量生物医药企业，必须为他们提供更高水平的知识产权保护。如果对原研药企业付出巨大代价取得的药品试验数据不加以保护，尤其是对那些无法获得专利保护，或者药品批准上市后专利保护期已届满或者即将届满的原研药而言，这不仅会削弱原研药企业的研发积极性，同时也会影响原研药企业的持续研发投入，最终影响药品的可及性。另一方面，如果要求仿制药企业重新按照新药上市要求完成临床试验等研究，则会严重阻碍仿制药的上市、普及，影响药品的可及性，另外也会导致社会资源的极大浪费。出于平衡原研药与仿制药两端利益，中国需要细化其药物分类，在重点药物方面适度提升试验数据保护力度，如将创新药品、创新治疗用生物制品、罕见病治疗药品和儿童专用药等列入保护对象，设立相应更长保护期限。

三、数字领域知识产权保护

数字知识产权问题已经成为国际经贸规则中备受关注的新议题。除了涉及数据跨境流动与本地化问题外，数字知识产权议题主要包括：数字内容版权；禁止要求源代码披露；计算机系统中的商业秘密（如数据资产）；算法与消费者保护、交互式计算机服务提供者的责任等。在 USMCA 与 UJDTA（美日数字贸易协定）等美式协定中，都主张跨境提供的便利化和数字内容版权的全面保护，这关系到服务竞争力见长的美国跨国公司的利益。而目前中国在这一领域的规范尚未全面跟进，近年来虽对网络内容侵权、平台责任、消费者保护等方面有所整顿，但总体来看这一领域知识产权保护并不理想。随着ChatGPT 等超级人工智能软件的出现和发展，关于数字领域知识产权保护的边界、确权与责任等问题，都亟待研究和解决。

2016 年起至今，全球主要国家和国际组织等发布了超百份人工智能（AI）战略及相关治理文件，从这些文件来看，AI 治理目前主要集中在公平和非歧视、安全和可控、透明与可解释和可溯源、责任、隐私保护、伦理道德等方面。[1]目前许多治理文件仍然是原则性规定和倡议性内容，但其中反映的许多关注都是相似的，如个人数据保护、社会伦理、知识产权等。2023 年底在英国召开的全球人工智能安全峰会，达成了《布莱奇利宣言》，强调人工智能的许多风险本质上是国际性的，因此"最好通过国际合作来解决"[2]。之后，在

---

[1]　张沛、刘媛媛：《人工智能治理国内外发展现状分析》，《产业与政策》2023 年第 1 期。
[2]　《首届人工智能安全峰会发布〈布莱奇利宣言〉》，新华网 2023 年 11 月 3 日。

旧金山中美元首会晤期间，中美两大人工智能领先国家同意建立人工智能政府间对话。由于人工智能发展的速度极快，全球规则制定的速度明显落后。此外，人工智能被认为是第四次工业革命的核心技术，各主要国家在该产业上的竞争非常激烈，各国产业政策与全球合作治理之间的冲突将进一步加剧。

在过去几年，中国一方面是日益频繁的单边数字限制政策和措施的受害者，一方面又是数字安全的坚决拥护者，中国又拥有成长最快的数字市场和数字竞争力，这决定了中国的立场将是复杂的。总体来看，中国的基本立场仍是推动全球数字经济的融合，促进互操作性和可预测性；但另一方面，坚持数字主权和国家数字空间安全是不可触动的底线，底线的具体标准未来也将趋于明确。2023 年 10 月，上海发布《上海市推动人工智能大模型创新发展若干措施（2023—2025年）》，提出要构建开放安全创新生态，加快打造人工智能世界级产业集群。[1] 但监管仍限于传统媒介平台的管理，即"对由大模型驱动的具有舆论属性或社会动员能力的互联网信息服务，开展常态化联系服务，加强合规指导，推动相关主体按照规定履行安全评估、算法备案等相关程序"。综上，目前，包括上海在内的政策仍然是以产业支持为主，对规则制定、知识产权保护和风险防范关注仍然很少。

---

［1］《上海市推动人工智能大模型创新发展若干措施（2023—2025 年）》，上海市人民政府网站 2023 年 11 月 7 日。

第四章
上海推动制度型开放的具体举措建议

上海进一步对标、对接国际高标准经贸规则，应当注意两个问题：对上海重点对接的国际规则的识别；上海地方实践的特殊性。在解决这两大前提条件后，再逐一分领域提升制度型开放水平。

第一节 接轨高标准国际经贸规则的时效性

自 2013 年上海自贸区建立，10 余年过去了，当年对标的国际贸易投资规则现如今分化趋势明显。一方面，在美国的推动下，发达国家主导的贸易投资规则和标准仍在水涨船高，包括数字经济、绿色贸易、人工智能等新领域也正在形成新的规则和治理体系，进一步巩固以发达国家跨国公司为主导的产业布局领先优势；另一方面，国际贸易、投资和供应链发展正通过区域一体化、标准协调、产业合作和梯度转移等，出现路径分化和阵营化的新趋势。这样的分化提供了一定程度不一致的规则需求和竞争，中国的处境比过去更加复杂，须结合当下情势辩证应对。

从 2013 年上海自贸区建立之始，上海就是制度型开放的重要实践载体，这个定位在新的历史时期更加凸显，临港新片区的设立和浦东新区示范引领区也对上海制度型开放提出了更高的要求。2024 年党的二十届三中全会提出："开放是中国式现代化的鲜明标识。必须坚持对外开放基本国策，坚持以开放促改革，依托我国超大规模市场优势，在扩大国际合作中提升开放能力，建设更高水平开放型经济新体制。要稳步扩大制度型开放，深化外贸体制改革，深化外商投资和对外投资管理体制改革，优化区域开放布局，完善推进高质量共建'一带一路'机制。"[1] 制度型开放仍是当前开放的方向，是建设中国式现代化的内容之一。对上海来说，与 11 年前相比，无论是国家战略的新要求，还是地方参与国际竞争的新环境，都发生了变化，制度型开放向深水区推进，将继续考验上海先行先试成为制度高地的能力。

一、对高标准国际经贸规则的甄别

（一）两类规则的形成

2008 年起美国同时推动 TPP、TiSA、TTIP 的谈判，撇开已经陷入困境的多哈回合，从那时起"贸易投资新规则"（或称之为"下一

---

[1]《中国共产党第二十届中央委员会第三次全体会议公报》，中华人民共和国中央人民政府网站 2024 年 7 月 18 日。

代贸易投资规则"）逐渐成为国际上讨论的热点。在 TPP 达成之时，经济学界和法学界都认为其将给全球贸易投资规则带来根本性的影响，体现更高水平的开放和深入国境的自由化。与此同时，为了应对贸易投资新规则，发展中国家和新兴市场国家也加快了结盟和双边谈判，这个时期的 FTA（自由贸易协定）达到了有史以来的另一高潮。

从 2008 年开始到今天，外部形势发生了巨大的变化。美国陷在民粹主义与保护主义的泥沼中，曾经被广泛讨论的国际贸易投资新规则似乎也不再提及。特朗普任内即退出了 TTP，拜登政府也未能重续 CPTPP，还升级了特朗普时期加征的关税。在全球化遭遇挫折的情况下，多边机制的改革和新规则的出台都变得困难。初看下来在国际层面关于标准全面提高的局势有所缓和，但分化趋势却在加剧。这也并未改变区域贸易协定的增长趋势。美欧从公平贸易和竞争的角度，加大了对投资、数字贸易、补贴、政府采购、ESG（环境、社会与公司治理）等新领域规则的建构。发展中国家和新兴经济体的贸易协定谈判网络也在不断扩大，特别是亚洲内部和非洲内部的区域自由化进程令人印象深刻。

这也是新时期的南北关系在国际运行规则上的反映。一方面，以美国为代表的规则体系关注于通过一体化规则，强化在供应链中的控制地位和技术优势；另一方面，以中国、印度、东盟为代表的规则体系则仍然着力于降低壁垒、加强便利化、能力建设和共同发展，并留出或创造后进国家在创新和制造上的追赶空间。在两类规则分化的情况下，包括 IMF 和 WTO 在内的战后多边机构在全球治理中的作用正在弱化，碎片化和差异化的治理模式将是未来一段时间的趋势。

因此，上海如何与国际运行规则相衔接，在今天是一个更为复杂的命题。一方面，仍应关注美欧等发达市场的新规则；另一方面，全球都在重返产业政策和进行营商环境的竞争，仍有相当大的制度空间用以提升现有产业的竞争力，并解决产业发展中面临的实际问题，这是新兴市场国家应当关注的另一种规则体系。有时产业政策与公平竞争政策是相抵冲的，营商环境与高标准 ESG 又是相消减的。对于上海未来的发展，两类规则都很重要，但吸纳与接轨需要策略和分步骤实施，兼顾两类规则的难度空前巨大。

（二）两类规则体系的趋势与内容

1. 发达国家规则体系的趋势：以美式规则为例

美式 FTA 被认为代表着较为先进的贸易投资规则体系。从美国自 1984 年以来签署的各类多边、区域性和双边 FTA 来看，历经三十余年的发展，虽然总体朝着更宽、更强的方向发展，但前后框架较为一致，基础内容也较为一致，传承和变化都有迹可循。总体来说，美式规则遵循一套成熟的模板，涵盖农产品和工业制品的关税、技术壁垒、服务的准入、知识产权、劳工、环境等较为全面的国际经济活动相关领域，保护美国出口利益与跨国公司的利益。

2016 年后，包括特朗普与拜登在内的两届美国政府的谈判方式和行为模式与历任美国政府均有所不同。在此期间促成的新的美韩协定、USMCA 及 IPEF 等，也与过去三十余年美式规则信奉的自由化原则有所区别。这不只是为了贸易利益的争夺和对不公平竞争的遏制，更多的是为了服务于美国未来二三十年的国际竞争战略。在过去三十余年的发展中，美国经历了典型的制造业空心化、大幅逆差、低端就业流失等问题，又面临着技术、创新、供应链、货币等领域主导权的竞争。作为发达国家代表的美国，开始对过去推行的一系列的自由化规则展开审视，并进一步强调目标性、控制力和影响力。

因此，美式规则从 2016 年后已不再是简单意义上的贸易投资新规则，而是后垄断主义时代的新规则。具体条款对照如下：

表 4-1　2016 年前后美式规则变化趋势对比

	2016 年前	2016 年后
农产品	以产品为依据的进口配额和保障措施体系	综合产品和出口国依据的进口配额和保障措施体系；促进优势产品的出口与开拓国外市场
动植物卫生检疫措施（SPS）	基本参照 1995 年 WTO 的 SPS 协定；但关于 SPS 与其他国家的日常协调远超出规则范畴	SPS 要求日益细化
工业制成品和资源类产品	普遍地降低关税与非关税壁垒；强化国民待遇与最惠国待遇条款；原产地规则纳入"区域成分要求（regional content requirement）"	进一步将原产地规则复杂化，提高"区域成分要求"门槛，减少搭便车和避税；对汽车、纺织品、化工制品等特殊的原产地规则进一步升级，纳入工资标准、人权标准等 ESG 要求
服务	2004 年以前美国签署的 FTA 在服务业开放上区分为两类：是否包括国民待遇与市场准入待遇；是正面清单还是负面清单。2004 年以后的 FTA 比较一致，都采用负面清单，差别仅在于是否涵盖人员的短期商务入境	强化 2004 年后的导向：全面采用负面清单；推进商业存在以外的其他三种形式的跨境服务提供；对金融服务、电信服务单独列章
技术性壁垒（TBT）	基本遵循 WTO 的 TBT 协定	扩大限制技术性壁垒的适用范围，减少对贸易的扭曲，对敏感产品，如汽车标准和技术规则，要求加强双方合作和第三方参与

（续表）

	2016 年前	2016 年后
知识产权	推进对知识产权的高标准保护，标准一般高于 WTO 的 TRIPS	将数字环境下的知识产权保护问题提上日程；包括著作权、商标、专利、商业秘密等涵盖的范围和表现形式都在扩大；对知识产权保护延伸到权利产生前；要求更高的知识产权保护的执行力度
投资	从 NAFTA 开始，投资章节就基于美国的 BIT 模板；包括投资保护（国民待遇、最惠国待遇、征收、取消业绩要求和当地成分要求等）和投资争端解决两部分	关注由投资引起的工作流失；要求加强对外资的国家安全审查和反垄断审查；要求东道国对外资的对等保护，进一步取消合资、技术转让等要求；干预对外投资目的地选择
电子商务	从美国—约旦协定开始单设一章规定电子商务；要求不得对电子传输加诸关税或不必要的壁垒；要求合作提高电子产品和服务的生产与分销	将问题扩大到"数字贸易"，除了电子签名认证、电子商务便利化等传统问题，进一步推动数据跨境传输的自由化，关注无物质载体的数字内容的贸易，要求普遍取消各类服务器本地化要求等
劳工	从 NAFTA 开始，引入劳工权利条款，要求男女同工同酬、移民劳工的保护、取消童工、保证安全健康条件等一系列社会内容	劳工薪资标准与原产地规则挂钩；从软法转向硬法
环境	最初多为宣示性条款，各国自行执行本国环境法，从 2007 年开始环境承诺逐渐增强，远超过 WTO 协定	要求透明度、更多的公众参与；将环境问题全面纳入争端解决机制；加诸特殊义务，如提高森林、水环境、渔业等标准；同时要求不得将环境措施作为贸易限制
政府采购	基于 WTO 的《政府采购协定》，帮助美国企业争取更开放、透明和公平的政府采购参与机会和程序	更具体、细致的规定，深入到招投标的资格要求、公告、时限等细节问题上的公开透明公正；进一步排除非市场国家实体参与本地政府采购

来源：作者整理。

2. 发展中国家和新兴市场规则体系的趋势

发展中国家和新兴市场国家签署和参与的 FTA 普遍标准要远远低于美式规则，但关于发展和特惠的一些安排又较之 WTO 等多边规则具有更实际的应用性。这类国家的 FTA 应当再区分为两类：一是与发达国家缔结的或区域性的规则；二是与其他发展中国家缔结的规则。前者以欧盟与非洲、加勒比和太平洋国家的协定为例分析，后者则以东南部非洲三方自贸区和"一带一路"为例说明。

2017 年，欧盟与 29 个非洲、加勒比和太平洋地区国家签署的 7 份《经济伙伴协定》（简称 EPA）正式实施。参与欧盟 EPA 的所有对象国家都是发展中国家和最不发达国家。在 EPA 下，欧盟给予这些国家所有出口产品完全的免税、免配额的待遇，同时要求这些国家在 15 至 20 年的期限内承诺实现 80% 贸易的自由化。在所有部门里，这些国家具有较大优势的农业部门受到更大程度的优惠。原产地规则、保障措施、贸易能力建设也被放在较重要的章节，以保证贸易优惠确实能落到实处。

此项从 1975 年开始并推进了 50 余年的安排（历史上被称为"洛美协定"），一直被认为是南北关系长期僵持中的一个重要积极因素，其涵盖的发展中国家和最不发达国家的数量也在不断扩大。欧盟一直通过该协定向非加太集团成员国提供财政、技术援助和贸易优惠等，同时也积极影响着这些国家的贸易政策和政治经济社会变革。这类协定最突出的特点就是非对等承诺和单向的优惠，同时保证不会产生贸易转移或优惠稀释。

从 20 世纪末至 21 世纪初，南南合作超过南北合作成为 FTA 的主流之一。发展中国家发现必须加强内部市场的联系和贯通，通过互联互通实现经济的共同增长。典型的规则体系包括 1991 年的《关于建立非洲经济共同体条约》(Treaty Establishing The African Economic Community，也称《阿布贾条约》)和 2015 年开放签署的东非共同体、东南非共同体和南共体之间的《建立三方自由贸易区协定》。这类规则的重点领域包括基础设施、贸易一体化、生产一体化、人员自由流动和金融与宏观经济一体化，其中基础设施的互联互通和贸易一体化放在最重要的章节。

中国提出并实践的"一带一路"倡议也明显属于此类南南合作的规则。尽管由于中国的经济体量较大，其对发展中国家的许多承诺带有"洛美协定"的一些特点，但共同发展仍然是最直接的诉求。发展中国家和新兴市场国家的规则体系，更侧重实际操作层面，以基础设施项目为切入，以产业合作为抓手，着眼于发展的阶段性和共享内部市场一体化利益。对未来上海发展来说，这一规则体系可能是要重点纳入考虑的部分，而这也将是真正能服务于国家战略试验的重要组成部分。

（三）兼采两类规则的必要性和难度

首先，需要讨论的是，在制度型开放的国家战略中，是否包括了向发展中国家和市场的制度型开放？在党的二十届三中全会通过的决定中，明确指出："稳步扩大制度型开放。主动对接国际高标准经贸规则，在产权保护、产业补贴、环境标准、劳动保护、政府采购、电子商务、金融领域等实现规则、规制、管理、标准相通相容，打造透明稳定可预期的制度环境。扩大自主开放，有序扩大我国商品市场、服务市场、资本市场、劳务市场等对外开放，扩大对最不发达国家单边开放。深化援外体制机制改革，实现全链条管理。"[1]除此，还特别提到，要完善推进高质量共建"一带一路"机制。继续实施"一带一路"科技创新行动计划，加强绿色发展、数字经济、人工智能、能源、税收、金融、减灾等领域的多边合作平台建设。因此，对发展中国家及最不发达国家的开放是包括在制度型开放中的，而且还将是未来重点拓展的新市场新机遇。

其次，"一带一路"建设，是我国今后相当长一个时期对外开放和对外合作的重要规划，对于全面提升我国全方位开放水平具有重大意义。把中国（上海）自由贸易试验区建设成为服务国家"一带一路"建设、推动市场主体走出去的桥头堡，是习近平总书记在全局高度对上海提出的新要求。上海在国家"一带一路"建设中发挥桥头堡作用，有利于进一步提升上海城市综合服务功能，发展更高层次的开放型经济；有利于推动形成我国全方位开放、东中西联动发展的新格局，更好地参与全球竞争与合作。这要求上海兼顾发达国家和发展中国家两个市场、两套规则。[2]

再次，两套规则虽有水平和重点的差别，但方向上是一致的。如前所述，发达国家规则体系目前关注公平竞争，希望将贸易、投资与更多的边境后要求和国内规制内容连接起来，以消除发达国家在制造和成本上的劣势；而发展中国家仍然关注关税和非关税壁垒、供应链参与、投资吸引和营商环境等内容。但是，这两个市场不是分割的，

---

［1］《中共中央关于进一步全面深化改革　推进中国式现代化的决定》，中华人民共和国中央人民政府网站 2024 年 7 月 21 日。

［2］《上海服务国家"一带一路"建设发挥桥头堡作用行动方案》，上海市人民政府网站 2017 年 10 月 11 日。

随着越来越多发展中国家加入发达市场供应链网络，总体趋势仍然是加剧的制度竞争和不断抬高的标准。

最后，兼采两套规则是高难度的，自贸试验区将发挥制度的引领作用。2024 年上半年，22 个自贸试验区实际使用外资达到 1039.6 亿元，进出口总额达到 4.1 万亿元，以不到千分之四的国土面积，实现了占全国 20.8% 的外商投资和 19.5% 的进出口。商务部正在研究制定实施自贸试验区提升战略的综合性文件，特别提出：在重点领域开放方面，商务部将深入研究依托自贸试验区，进一步扩大商品市场、服务市场、资本市场等对外开放，以外商投资准入和跨境服务贸易两张负面清单为重要工作抓手，推动相关服务领域的率先开放。[1]

二、上海地方实践的特殊性

（一）地方制度型开放实践的基本面：以上海自贸区为例

上海自贸试验区自 2013 年挂牌成立以来，以制度创新为核心，在投资、贸易、金融和事中事后监管等领域全面对标国际，已经创建一批重大制度创新成果，并且部分成果已经在全国复制推广。

一是开创性地建立以负面清单为核心的外资管理制度，形成了与国际通行规则一致的市场准入方式。自 2013 年上海自贸试验区发布全国首份外资准入负面清单以来，历经七次修订，特别管理措施条目

---

[1]《商务部：正研究制定实施自贸试验区提升战略的综合性文件》，中国新闻网 2024 年 8 月 2 日。

由最初的 190 项缩减至 27 项，实现制造业条目基本清零，服务业领域持续扩大开放，投资自由化水平不断提升。截至 2023 年 9 月，上海自贸试验区累计实到外资 586 亿美元，成为外资进入中国的开放枢纽门户。率先试点的外商投资"准入前国民待遇加负面清单管理制度"已写入《外商投资法》。上海自贸试验区在金融业、制造业等 60 个开放领域落地了一批全国首创性外资项目。

二是开创性地建立国际贸易"单一窗口"和货物状态分类监管制度，形成了具有国际竞争力的口岸监管服务模式。通过"单一窗口"，贸易企业只需将单证数据信息录入一次，便可向多个部门递交标准化的信息和单证，实现"一个平台、一次递交、一个标准"的目标。通过从"物理围网"到"电子围网"的改变，极大降低了企业的仓储物流成本和人员投入成本。截至 2023 年 9 月，上海国际贸易"单一窗口"的服务企业数超过 60 万家，支撑全国超 1/4 货物贸易量的数据处理。

三是开创性地探索建立本外币一体化的自由贸易账户制度，确立了适应更加开放环境和有效防控风险的金融创新机制。通过分账核算体系和自由贸易账户，建立了"一线审慎监管、二线有限渗透"的资金跨境流动管理制度，为推进人民币资本项目可兑换奠定了重要基础。截至 2023 年 9 月，上海自贸试验区内的金融机构累计开设 14.4 万个自由贸易账户，办理跨境结算折合人民币 142 万亿元。

四是确立以规范市场主体行为为重点的事中事后监管制度，形成了透明高效的准入后全程监管体系。通过实施"证照分离"改革试点，有效地区分"证"与"照"的功能，进一步降低市场准入门槛和制度性交易成本，有效破解"准入不准营"顽疾，更大释放创业创新活力。

另外，外商投资备案管理、企业准入"单一窗口"等投资领域改革措施在全国复制推广。先进区后报关、批次进出集中申报等贸易便利化改革措施，也已在全国范围、长江流域范围、海关特殊监管区域等分阶段有序推广实施。跨境融资、利率市场化等金融创新改革成果分领域、分层次在全国复制推广。截至 2023 年 9 月上海自贸试验区成立十周年，全国 302 项自贸区制度创新成果中近半数源自上海或同步先行先试。[1]中国自贸试验区的建设布局逐步完善，先后 7 轮在全国范围内设立了 22 个自贸试验区，涉及 22 个省份的 52 个城市和海南岛全岛。由上海"一个点"到东部"一条线"再到全国"一个面"，形成了覆盖东西南北中，统筹沿海、内陆、沿边的高水平改革开放新格局。

（二）地方实践存在的特殊问题

一是自主改革事权较小。目前大部分改革事权集中在国务院、中央部委。很多改革措施需要与国务院、中央部委——对接，才能落实。部分改革创新因缺乏实施细则、配套措施，而长期搁置，导致改革推进缓慢。

二是自主政策与现行法律法规协同性有待加强。以负面清单为例，自贸区外资负面清单和跨境服务贸易负面清单法律层级较低，为了不与现行法律法规冲突，往往自留兜底条款，类似"按照特殊规定

---

[1]《上海自贸区十周年：从一张负面清单开始，不断为国家试制度》，澎湃新闻 2023 年 9 月 29 日。

执行"这样的表述，实际上是在负面清单中嵌套正面清单，很大程度地影响了企业的感受度。同样的情况也存在于其他被授权的自主试点领域，虽有授权但边界模糊，国家层面也未同时停止相关法律法规在自贸区的适用。

三是海关综合监管模式有待实现新突破。目前上海自贸试验区实行的是传统海关特殊监管区的监管模式，与国际通行的"境内关外"的监管制度还有很大差距。

四是改革创新的动力机制有待完善。目前尚未建立真正的容错机制。尽管上海已经提出"建立健全容错机制"，但是仍停留在较为原则的层面，可操作性不强，对地方改革创新的指导性意义不足。

五是制度创新试点的系统性不足。制度创新是一个系统性工程，需要各个部门、地区协同配合。而目前自贸试验区复制推广的试点经验只涉及单一部门，系统性不足。每年发布的任务的设定也没有展现充分的系统性。

六是以发展产业链为导向的规则压力测试不足。目前上海自贸试验区对国际经贸规则的引进和参照主要集中在营商环境、便利化和负面清单几个方面，未对全球供应链发展所需的外部环境进行过梳理和比对，也未能完成前沿规则的引入和压力测试。

（三）地方实践的机制突破

一是要继续争取和落实中央事权的下放。包括服务业开放、税收、金融、人员流动等方面，应当赋予浦东新区专项立法的更多权限，同时应当在基层建立相应的改革创新容错机制。事项事权的下放最好是一揽子统筹下放，加大赋权的力度，改变过去基层跑省级、省级跑中央的项目落地模式。事权应全流程、全链条配套下放，对于已经放开但迟迟不能落地的项目应及时归纳疑难症结，系统反映，重点突破。同时对基层进行的一些突破性改革，如非触及根本性制度限制或要求的，应当适当容错，对程序不足可允许反溯补齐。

二是继续推进海关综合监管模式的改革。探索国际一流自由贸易港的一系列创新做法，打造"更具国际市场影响力和竞争力的特殊经济功能区"。上海自贸区，特别是临港新片区，应大力促进离岸贸易、转口贸易、服务贸易等贸易新形态创新发展。推动离岸转手买卖结算业务常态化运作，争取更多行业企业纳入"白名单"制度试点范围。加快发展转口贸易，进一步提升洋山保税港区海运和浦东机场综合保税区空运国际中转集拼能级，最终实现能与新加坡、迪拜等自由港相竞争的开放水平。

三是提高试验的系统性，形成全方位改革。以浦东新区和五个新城为例，将依仗上海体系化产业优势、货源优势、立体运输物流优势、地缘和人才优势以及国际化优势，全方位开放货物贸易市场、服务贸易市场和投资市场，因此从区域规划、开放政策、产业政策、人才政策、政务支持等各方面应当形成国内外市场一体化的立体改革实践。继续推动服务贸易扩大开放，争取取消或放宽涉及跨境交付等的限制措施。其中，产城融合是非常重要的抓手。发展产城融合的现代产业园模式，还能进一步促进我国在医疗、教育、文化等现代服务业的开放探索，为现代产业园的国际化发展模式带来更大的溢出效应。

四是突出产业链发展所需的制度型开放。浦东与虹桥临港新片区重点发展的集成电路、人工智能、生物医药、民用航空、会展等产业，也是目前国际竞争最激烈的产业，对其培育应当从投资环境、贸易监管、国际人才流动以及税收等核心环节，参考和引进国际高标准规则。其中创新竞争是未来竞争的焦点，上海应加大科技成果转化力度，创仿并重，通过制度保障创新动力和产业链集聚。要集中在一些最有条件、最具优势的领域，如芯片研发、医药研发、新能源汽车、智能城市、大飞机制造等领域，打造一批引领发展潮流、代表未来方向的新兴产业集群，把自贸试验区打造成为具有较强国际竞争力的产业高地。

五是致力发展面向发达国家和面向发展中国家的两个市场，建立两方面的制度型开放模式。不仅要对标国际最强，也要考虑向"一带一路"沿线国家和长三角区域进一步辐射所需的制度支撑，关注中国未来发展的市场变迁和制度衔接需要，继续发挥上海作为"一带一路"桥头堡的重要功能。

第二节　上海推动制度型开放分领域具体举措建议

上海未来提升制度型开放水平的重点应当是资本项目开放、数据流动开放、人员流动自由化、服务业开放、投资便利化、落实公平竞争、推动可持续发展和加强知识产权保护八个方面。

一、探索资本项目开放

无论是外商直接投资准入、资本账户还是金融市场开放，均属于国家事权。作为国际金融中心，上海无疑最能从金融市场开放中受益并提升其经济重要性和金融国际竞争力。但资本项目开放关乎全国金融风险控制和经济稳定，因此必须从全局来审慎对待。从上海的角度，主要是从发布指引、部分试点试验、制度建议和信息收集等角度推进改革。

（一）外商投资指引

以外商投资指引目录方式，以高标准国际经贸规则为对照标准发布上海版外商投资指引。该项指引不限于国民待遇不符措施、不限于直接投资、不限于设立阶段所面对的审批事项，即将相关业绩要求、市场准入、并购限制、间接投资限制等均纳入其中。上海可对接WTO《投资便利化协定》中的单一门户要求，通过单一信息平台或门户方式，为外国投资提供指引，同时也能借此全面细致把握当前外国投资所面临的各类有形和无形壁垒。另外，通过软性的信息发布和指引方式，也可避免可能的法律风险和承诺失信问题。

（二）跨境资金流动自由化

以服务在沪和本土跨国企业跨境资金需求以及打造国际总部经济为聚焦点，推动跨境资金管理自由化和便利化改革。金融要服务于实体经济，目前外汇管理仍以跨境资金便利化和自由化为着眼。上海市层面则是要通过收集企业诉求信息等方式，选择合理诉求，争取国家部委支持，推动相应改革。在离岸金融平台建设、FT功能拓展方面，同样仍应以服务跨国企业需求和发展总部经济为重。

（三）金融科技

金融业方面，上海应在金融科技等新金融领域积极作为。虽然中国人民银行、银保监会、证监会都建立了相关金融科技部门，但这些部门着重于监管视角和监管沙盒试点实施，而上海市则可以在促发展和促国际合作方面积极有所作为。建议基于上海市国际化和金融集聚的优势，就目前上海市金融科技的范围、发展业态和现状、跨境相关业务以及与之密切相关的数字进出境及其障碍等问题广泛收集信息，对标新加坡，提出和建立金融科技持续发展的综合性配套政策环境，以应对 RCEP、CPTPP 中的"新金融服务"条款所带来的影响以及促进各类数字经济协议下的金融科技跨境合作项目。

（四）金融治理合作与交流

积极扩大合作交流范围，提升上海国际金融中心影响力。在美元滥发、美国滥用金融制裁工具背景下，全球许多经济体需要一定程度"去美元化"以化解风险。在此背景下，我国顺势推进人民币国际化是重要走向，因此金融市场开放也是必然趋势。在此过程中，上海作为国际金融中心，应加强与希望"去美元化"的相关国家进行交流合作，吸引其投资者资金和财富管理机构投资上海和我国资本市场，并以此为重要抓手，促进上海全球资产管理中心建设。

（五）改革进展与成效的评估

建立定期评估和项目跟踪方式，针对试点效果提出制度性建议。改变过去"以开放为重点、缺乏配套措施"的试点开放做法，以监管沙盒思维，建立定期评估和项目跟踪方式。上海应基于公平和效率等多方面因素，从经济和社会效应角度对相关开放项目进行预评估并提出风险管控措施和配套制度，以此为基础争取开放试点，开放后要以项目管理方式，定期跟踪并配套改革监管制度，应用监管沙盒逻辑，以试点项目为核心，推动开放并在此过程中建立起新的监管制度，以此为基础推动国内相应监管制度改革。

二、推动数据分类开放

（一）企业内部数据跨境自由化

出台《企业内部数据跨境指引》，提高执法透明度。"指引"本身的主要作用是划分"安全区"，即哪些情况下收集的哪类数据可以按照简化报备的程序进行公司内部共享，但必须建立严格的防火墙。外企自身已经开始梳理和厘清研发、生产、管理、销售和售后服务中可能涉及的各类数据，并希望有明确的分类指导，澄清哪些数据是明确必须适用本地化要求，以及什么情况下能够在集团内部分享。原则上，企业内部日常管理所需员工个人信息，在按法定标准合同获得个人同意后，可以进行集团内跨境传输。企业在交易中获得的供应商、物流、市场和客户等信息，在按标准严格加密后可以在集团内共享。

为了确保数据在传输过程中的安全，上海可以建立数据安全体系认证标准与流程，按金融级的密钥交换机制和数据加密算法传输加密策略，要求在区域用户到各自数据存储两端建立安全传输通道。但是，企业在对外经营中获得的涉及个人身份的信息和生物可识别信息，以及涉及国家安全、关键设施等的重要信息须出境的，仍应按法定程序报事前审查批准。

（二）数据本地存储灵活方案

探索本地存储变通方案。如存储在经中国认可的境外云服务平台的（如阿里云、华为云等），可以免除数据本地存储要求。或者，对不涉及商业存在的跨境服务提供情景，如不涉及数据出境管理办法规定的重要数据和一定规模以上个人数据，允许不建立本地计算设施，但要求涉及本地数据须完全与其他外部数据隔离处理，并通过被认可的第三方数据安全体系认证。

（三）第三方数据安全认证体系

推进上海第三方数据安全认证体系的建设。按《个人信息保护法（修正案）》的设想，涉及规模以下个人数据传输的，按照国家网信部门的规定经专业机构进行个人信息保护认证。目前此类具有认证效力的专业机构的资质、能力和管理，都尚付阙如，上海可以尽快培育一批龙头企业。

（四）数据监管执法

政策性指导文件不应作为调查和其他强制性措施依据。外企反映在数据监管领域，因为法律法规级别规定比较粗略，许多执法参照的是部门政策性文件，在法律上并无效力，如《个人信息安全规范》和《常见类型移动互联网应用程序（App）必要个人信息范围》，这些文件作为现场调查、查阅、调取甚至扣押的依据是不足的，应当在实践中注意避免。

（五）申诉渠道

在数据监管中由立法模糊引起的执法界限不清问题，目前仍是比较突出的。面对数据收集、处理、利用等日新月异的做法时，确实有时立法和执法都跟不上。需要明确遇到数据合规问题，上海市有何行政申诉渠道、不同部门在执法权上如何协调，条线必须清晰。

（六）特定行业的数据合规

就特定行业的数据合规要求，建立重点企业的一对一沟通机制。如前所述，上海重点发展的新能源汽车、生物医药、金融服务等行业都涉及越来越多的数据监管要求，而这些要求可能对整条生产线、新产品设计、供应链等都会造成直接影响。因此，发展改革委、商委应加强与工信部、网信办的协作机制，建立面向重点企业的数据合规沟通与帮扶机制，消除企业对数据合规的担心和因此导致的投资困境。

三、促进人员往来自由

受新冠疫情影响，中国人员出入境受到较大冲击，人员出入境的便利化改革和国际人才政策的落地和执行处于非正常状态，国际人才来华意愿仍受到负面影响。2023年是出入境人员数量恢复的一年，许多城市正积极推出出入境便利化措施和吸引国际人才创新举措和绿色通道。上海是全国国际化程度最高的城市，在上海工作的外国人数量一直高居全国首位。在生活和人文环境方面，上海比全国其他城市更具国际人才吸引力。在此背景下，为消除疫情期间所带来的负面影响，上海更应在疫情后就国际人才政策作出新突破。与此同时，在中美科技竞争态势下，促进国际人员流动和交流、加大国际人才吸引力度，是中国未来相当长一段时间提升科技国际竞争力的重要抓手，上海作为国际化程度最高的城市，更应在国际商务人员流动和国际人才竞争方面积极有所作为，争取相关制度改革和开放措施在上海先行先试。

（一）国际人才信息一体化平台

集合建立一体化的国际人才信息平台，解决政策信息分散和碎片化的问题。信息碎片化和政策碎片化的根源在于立法层级不够的问题，以及目前中国国际人才吸引政策的改革尚处于初步启动阶段。在法律环境未完善，地方试点和探索层出不穷的背景下，建议通过数字化手段，将不同区域的特定人才吸引政策和信息进行整合。在这方面，上海作为全球城市，应将全市改革措施进行整理，并效仿新加坡，建立更具导向性和人性化的出入境和工作许可相关电子政务系统。

（二）短期商务访问签证

中国短期商务签证（主要是 M 签证和 F 签证）与当地机构相挂钩，需要出示邀请函。相比于一些发达国家，目前我们在短期商务签证的获取手续上仍较为繁琐，欧盟在华企业在其建议书中也多次提及该问题。上海市在国际人才流动方面，许多改革举措集中于人才签证和永久居留。但实际上，短期访问和人员长期往来和居留是存在相关性的，建议上海市争取试点，在短期商务访问方面制定便利化措施。

（三）与国际接轨的人才培养和认证体系

近年来中国正积极推进工程师认证体系与国际接轨，中国科协和新加坡工程师协议于 2022 年达成了相关工程师互认协议，中国科协正准备加入《亚太工程师协议》《国际职业工程师协议》等多边互认协议。这种与国际人才认证体系接轨的人才认可制度，不仅有利于中国吸引国际专业技术人员，也有利于中国专业技术人才随着企业国际化而"走出去"。上海应充分发挥其跨国企业集聚和国际人才集中的优势，积极调研，选取若干专业领域，在人才的国际化培养和认证方面积极推进改革。

（四）出境便利化改革

随着中国企业"走出去"和"一带一路"建设的推进，中国人员出境的需求持续增加。虽然人员出境便利化的主要政策制定方为中央政府以及入境国，但上海作为全国最国际化的城市，应建立一些协调工作机制或信息平台，对中国人员出境所面临的制度障碍信息和诉求予以收集和反馈，并扩大 APEC 商务旅行卡的申领范围。

（五）生活服务及宣传

推动上海生活居住其他配套环境的国际化导向，加大外国人在上海工作生活的宣传和典型示范。上海在外籍人士配套环境上已具备相当基础，在政策和信息发布上也推出了各类信息平台和窗口，如2022 年上海推出《上海涉外服务一点通》，成为外籍人士在沪工作、生活服务指南。建议上海在原基础上，进一步整合信息，发布外籍人士在沪工作的年度报告，以此为基础发布相关信息和案例说明，作为外籍人士来沪工作和生活的推广手册。

四、进一步开放服务业

（一）重点生产制造配套服务业准入

从整体趋势来看，上海服务业开放政策的重心把握，仍应从两个方向分别切入：一是生产服务业；二是消费服务业。与制造业高质量发展相配套的高技术生产性服务业吸引外资潜力巨大，中国有完整的产业链、供应链和完善的基础设施，在吸引国际高端制造业投资方面具有巨大优势。以复杂供应链的测算来看，近年中国在生产服务的增加值提升方面也是比较突出的。因此，重点推进与生产相配套的服务业的引进外资工作，包括与生物医药、半导体、汽车等尖端制造业相配套的研发、物流、维修、维护和其他衍生服务等，应当是下一步的重点。

（二）消费服务业开放

受疫情影响，消费服务业在未来几年的趋势并不被看好，这些年有大量外资餐饮、服装快消等品牌撤出中国市场。但是，随着居民收入提高，国内消费结构也在逐步升级，在教育、养老、健康等领域的需求巨大，这将为外资进入中国市场创造机遇。目前，包括医院、学校、职业培训、养老等领域，外资进入的实际壁垒仍然很高，这些壁垒主要来自开办环节的各项许可证，以及营运环节所需的其他政策（如医保、就业、资质认可、政府采购等）支持，需要下功夫一一厘清，并给予回应与解决。

（三）金融业开放

就外商最关心的金融服务业开放问题，可以比对 CPTPP 要求继续推进试验。CPTPP 框架下金融开放有三个特点：一是开放标准更高，包括准入前国民待遇、负面清单、棘轮机制等规则的适用；二是涉及的义务更明了，除了市场准入、国民待遇、最惠国待遇、高管和董事会的义务以外，对跨境金融服务提供做了更明确的规定；三是范围更广，除了设立金融服务委员会外，还对新金融业务、例外、磋商、争端解决、金融服务的投资争端等进行了更加明确的规定。对中国来说，最困难的还是负面清单开放。

目前来看，中国金融开放实质上采取的仍然是正面清单方式，如转采负面清单，压力较大。但从新加坡在 CPTPP 下的 25 项不符措施保留来看，中国谈判时也不是没有可能争取缓冲空间。目前的关键是清理第二道门，即对外资银行进入中国市场后被许可的业务范围再做放开。包括允许跨境提供投资组合管理的服务，允许跨境提供支付卡的电子支付服务，减少对高管或者董事会非少数成员国籍的要求，在新金融服务方面给予国民待遇，等等。

（四）跨境服务负面清单细化落实

目前全国版和自贸区版的跨境服务负面清单与国际做法有差别，回避了许多疑难部门的开放问题。该版本需要继续完善和改进，而上海可以先行探索在现有清单下，如何细化和落实具体项目。从研究角度，上海也可考虑将现有清单再作归类，某个部门的某一分部门的每项限制措施都应当说明：属于四种形式（商业存在、跨境提供、跨境消费和自然人流动）的一种或几种；具体法规依据；适用范围（全国或地区）；具体限制描述等内容。

五、投资便利化

上海近年通过落实《中华人民共和国外商投资法》和营商环境优化改革，投资政策透明度进一步提升，投资审批和其他相关行政过程进一步简化和加快，通过国际投资单一窗口、在线政务平台等数字化政务方式推进各项投资便利化改革，在政企互动、与投资者互动方面也正稳步推进常态化互动机制建设，营商环境得到明显优化。但政务改革是系统性的，对标新加坡、北欧等国家和地区的先进做法，仍有提升空间。

（一）制度集成

应整体系统化推进投资领域的政策改革和制度创新。投资便利化是体现特定区域投资政策吸引力的一个方面，是其中一种手段，最终目标是要吸引高质量高生产率的投资项目，从而推动当地产业和经济发展。因此投资便利化、投资促进、投资自由化和投资保护政策要同时系统化推进，不可避重就轻。上海应从综合性视角看待不同的投资政策措施，从而在实质上提升其投资吸引力，争取高质量投资项目在上海落地。

（二）政务数字化

过去几年的改革围绕政务流程优化、简化审批流程以及提高行政透明度，取得了明显效果。未来应充分利用政务数字化过程，整合和发布投资信息，优化行政过程，推动政企信息互动。

（三）改革的成本效益问题

所有的改革都要考虑成本收益问题，同样，投资便利化各项改革是有成本的，且同样存在改革收益递减现象。如对于特定行政审核流程，其审批时间从 50 天降为 10 天之内，企业获得感明显，但从 2 天降为 1 天，对企业而言，获得感有限。特别在投资领域，企业以长期经营和稳定获取投资利益为目标，企业不仅要考虑审批时间缩短问题，还要考虑经营过程中各类监管风险问题，因此缩短 1 天时间可能对企业并非最重要。相比之下，国际贸易便利化问题相对简单，海关通关时间的缩短就是贸易成本的降低。基于投资管理的复杂性以及投资的长期性特点，政府在推进便利化改革时，要将行政资源约束考虑在内，将事前审批过程简化和事中事后监管的完善结合起来考虑，不应顾此失彼，简化了审批过程但却未完善事中事后监管制度，使得企业可能承担监管政策不完善所产生的负面效应，从而对所在区域的产业造成负面影响（如质量监管问题或行业声誉损失问题）。

（四）吸引投资项目和产业发展

在近年营商环境优化改革过程中，各地政府以世界银行营商环境指标体系为参考标准进行相应考核和城市排名。虽然这种考核在一定程度上可以提升投资便利化水平，但有时出现避重就轻情况，盲目追求甚至操作营商环境指标考核结果，未重视当地经济发展所急迫需要改革的领域，改革注重形式而轻视实质，造成行政资源浪费且企业对于营商环境改革措施的获得感越来越弱，甚至各类行政审批的程序再造改革多变，数字化政务体系朝令夕改，反而提升企业遵守成本。

六、落实公平竞争

（一）国有企业的特殊待遇

外资提出的竞争中立要求主要针对国有企业获得的特殊待遇，包括融资便利与优惠、财政支持和补贴、政府采购倾斜、行业协会及标准主控等方面的特别优待。因此，践行竞争中立原则应当对国有企业、民营企业和外资企业予以相同或对等的待遇。清理缺乏法律依据的税收优惠、财政补贴或融资优惠等政策过程中，应当将国有企业的相关项目作为重点，纠正国有企业具有的不当竞争优势。例如，政府不得为国有企业债务进行担保或对债务作出任何承诺；政府部门及其工作人员对金融机构任何关于国有企业融资事项的正式或非正式沟通、指示、意见均应记录在案并留存备查；国有企业的融资信息应当在适当条件下予以公开；禁止非因法定条件的债务及利息免除，凡是符合失信公示标准的国有企业应当与民营企业一并列入失信名单，避免破产标准因所有制的差异化。

（二）政府补贴与公共服务

依据公平竞争原则的要求，未来就国有企业或政府指定企业提供公共服务，应当建立服务成本定价、预算、核算的会计准则和财务管理制度，提高政府补贴的精准性和科学性，削减国有企业的公共服务和商业活动之间的内部交叉补贴。这是营商环境的重要评价指标之一。

（三）市场准入与交易机会公平

在市场准入环节的经营资质赋予、业务市场拓展和商业合同缔结等方面保持竞争中立。尤其在政府采购中，应当按照竞争中立原则采取竞争性、非歧视、透明化的保障措施。2014年修订的《中华人民共和国政府采购法》第五条规定，"任何单位和个人不得采用任何方式，阻挠和限制供应商自由进入本地区和本行业的政府采购市场"。[1]在此基础上，上海还需要依据公平竞争原则进一步细化操作规则。特别须细化《政府采购质疑和投诉办法》和《财政部关于促进政府采购公平竞争优化营商环境的通知》的地方实施条款，纳入到上海各部门的政府采购项目审查中。

（四）杜绝"监管有别"

目前企业接受多口管理，除了一般的市场监管外，还有来自税收、卫生、劳动、反垄断、数据安全等多个条块的管理。这些领域的管理本身有其正当性和合法性，但在透明度、程序合法、执法手段、申诉渠道等方面都有待进一步完善。根据公平竞争原则，市场监管应当避免以差异监管来补偿部分企业承担公共服务职能，定期评估受监管市场的参与情况，消除因行政权力而可能产生的任何优势或劣势。

（五）外资参与市场自治

企业是市场自治的主体，目前在全国各产业协会、企业家联合会、职称评定委员会、标准组织等自治团体内，民营和外资企业的占

---

[1]《中华人民共和国政府采购法》，国家法律法规数据库2014年8月31日。

比仍然不高，尤其是对外资企业占比惯例上加以限制。上海可率先由此入手，保障民营、外资企业平等参与市场自治。以标准化活动为例，要从具体指标（如外资企业在标准化组织参与比例、管理职位任职比例、标准化方案有效参评比例、采用比例等）入手，结合具体行业的情况，建立指标评价体系。外资企业在标准立项、起草、技术审查以及标准实施信息反馈、评估等过程中提出书面意见的，应当存档并及时处理和反馈。要特别保障外资企业在标准化工作中的知情权、参与权和申诉权。

七、可持续发展

（一）地方性 ESG 标准指引

ESG 是可持续发展的重要内容，但避免了使用人权等分歧较大的概念。因此可采用 ESG 代替更宽泛的可持续发展目标，出台《上海企业参与全球供应链 ESG 标准指引》，及时对上海参与欧盟及其他地区供应链的企业提示风险和帮助调整。这一指引可以综合考虑美欧 ESG 投资的相关研究报告。例如，欧盟强制供应链尽职调查立法仍需时日才能通过生效，在此之前各项指南文件可能对企业的行为产生影响。这些指南性文件虽然不具强制力，但其中反映的关于"强制劳动""碳足迹""碳泄漏"等概念的定义和判定标准，可以作为重要参考。

（二）低碳转型激励

目前来看，美国提出的绿色供应链以及欧盟提出可持续发展目标下的尽职调查要求，其压力仍然可能集中在初级产品和碳消耗较大的工业制成品，对上海企业的主要影响集中在钢铁、汽车、光伏制造等产业，可能增加此类企业清洁能源的支出。要加快推动全市制造业能源低碳转型，投资政策方面重点是推动清洁材料、新兴关键战略资源及开发技术、清洁交通技术与环境技术等方面的项目合作，同时也要积极谋划与发展中国家在新能源新节能技术等方面多层次合作网络。

（三）ESG 评估推广

可以考虑引进外资或通过技术合作方式，推进本市落后产能调整，推动重点行业、产品能效水平稳步提升。对新设投资项目在引进初期，即要落实能效提升、循环利用、产业链耦合等绿色管理要求。

（四）绿色金融立法与"上海标准"

目前已经印发的《上海加快打造国际绿色金融枢纽服务碳达峰碳中和目标的实施意见》，提出率先探索绿色金融改革创新，支持浦东新区申报国家气候投融资试点，推进浦东新区绿色金融立法。[1] 对上海来说，一方面要重视绿色金融市场的构建，包括绿色信贷、保险、债券、基金与碳排放交易市场的完善；另一方面要考虑推出"硬报告"制度，归入上海证券交易所等金融市场年报中。

（五）劳工保护

人权问题，尤其是强制劳动问题，将是可持续发展标准中重要内

---

[1]《上海加快打造国际绿色金融枢纽服务碳达峰碳中和目标的实施意见》，上海市人民政府网站 2021 年 10 月 8 日。

容，针对中国企业的意味也最为突出。因此，要特别加强在沪跨国公司劳工权利合规建设，对包括工会组织、工资集体协商、劳务派遣、灵活用工、劳工维权等的情况进行全面摸底。

八、知识产权保护

（一）生物医药专项知识产权保护体系

参照许多发达国家的做法，重新确定新药专利权的范围和限度，谋求财政支出、患者、专利药企业和仿制药企业利益的均衡和总体最大化，包括专利期补偿（延长）、专利链接和首仿独占制度、强制许可制度和数据保护制度等。以国务院《关于改革完善仿制药供应保障及使用政策的意见》[1]为指导，以《药品试验数据保护实施办法（暂行）征求意见稿》[2]为参考，在上海自贸区率先实施生物医药10年的数据保护期（按USMCA标准）、药品专利链接制度、专利期延长制度等一整套鼓励创新的细化规则，明确申请审核条件和流程。

（二）新兴高科技产业

以仿制药为例，目前全球销售额最大的十种药物里有七种是生物药，原创专利基本属于美国与欧洲的医药巨头，如罗氏、强生、诺

---

[1]《国务院办公厅关于改革完善仿制药供应保障及使用政策的意见》，中华人民共和国中央人民政府网站 2018 年 3 月 21 日。

[2]《国家药品监督管理局办公室公开征求〈药品试验数据保护实施办法（暂行）〉意见》，国家药品监督管理局网站 2018 年 4 月 26 日。

华、默克、辉瑞等，其中大多数原创专利将于近几年到期，因此正如美国所指出的，这是发展仿制药的关键时期。引进美国、欧盟关于生物仿制药的相关制度，细化规定仿制药的简化程序、独占期、相似性证明、临床数据要求、具体流程等，抓住全球仿制药发展的窗口期。另外，可以考虑对增加新适应证或用途的药品也进行试验数据保护，以鼓励二次研发和老药新用。

（三）执法范围与责任触发标准

一是加大侵权处罚力度，规定对于侵犯版权、相关权以及假冒商标的行为，各缔约方应建立或维持事先设定赔偿金或者附加赔偿金制度；二是拓宽边境措施的实施范围，由 TRIPS（《与贸易有关的知识产权协议》）所规定的进口货物延伸至出口和转口货物；三是降低刑事处罚门槛，对 TRIPS 中规定的"达到商业规模"进行扩张性界定，规定即使不以营利为目的而故意实施的重大行为，如果该行为对版权或相关权人的市场利益造成实质性损害，也可能构成"达到商业规模"而受到刑事处罚。另外，要加强知识产权、药监、卫生、海关、工商等各部门间的合作，明确监管主体，加强信息共享，建立全流程可追溯数据存档和责任追究。

（四）数字知识产权

从平台责任、数据资产等问题切入，探索数字知识产权保护机制的建设。可以考虑在上海首先出台规定 ISP（互联网服务提供商）的主动监管责任的制度，敦促 ISP 采取主动措施，例如终止重复侵权者的账户，对于 ISP 从侵权活动中受益的则加以处罚。数据资产的估值、确权与侵权责任确定等，也可从商业秘密的范畴中划分出来形成单独立法。人工智能涉及的知识产权问题也是可以尽早探索的领域。总之，要尽快在上海研究和制定与数字经济相关的知识产权制度，这关系到下一赛道的竞争。

第五章
上海高水平开放的指标体系建构

制度型开放是高水平开放的核心内容和主要特征之一。衡量制度型开放是否取得实效，就要看是否已经达到"高水平开放"的要求。因此，有必要建构高水平开放的指标体系，用以评价制度型开放的成果。

第一节　高水平开放的目标定位

党的二十届三中全会指出："开放是中国式现代化的鲜明标识。必须坚持对外开放基本国策，坚持以开放促改革，依托我国超大规模市场优势，在扩大国际合作中提升开放能力，建设更高水平开放型经济新体制。要稳步扩大制度型开放，深化外贸体制改革，深化外商投资和对外投资管理体制改革，优化区域开放布局，完善推进高质量共建'一带一路'机制。"[1]2024 年政府工作报告中指出，扩大高水平对外开放，促进互利共赢。主动对接高标准国际经贸规则，稳步扩大制度型开放，增强国内国际两个市场两种资源联动效应，巩固外贸外资基本盘，培育国际经济合作和竞争新优势。[2]

因此，制度型开放是高水平开放的最核心内容和特征之一。习近平总书记强调："以制度型开放为重点，聚焦投资、贸易、金融、创新等对外交流合作的重点领域深化体制机制改革，完善配套政策措施，积极主动把我国对外开放提高到新水平。"[3]这一重要论述深刻阐释了体制机制改革与高水平对外开放的关系，是我们推进开放与发展事业的重要遵循。当前，我国发展面临的一个紧迫任务就是建设与高质量发展相适应的高水平开放体制机制。

因此，也可以说，高水平开放是制度型开放要达到的目标，是衡量制度型开放是否成功或有效的标准。同时，制度型开放又属于高水平开放的主要内容。高水平开放应当包括更大范围（地理范围）开放、更宽领域（更多产业部门）开放和更深层次的开放（从要素开放到制度开放）。[4]中国 40 多年的改革开放历程，当前不只是阶段性

[1]《中国共产党第二十届中央委员会第三次全体会议公报》，中华人民共和国中央人民政府网站 2024 年 7 月 18 日。

[2]《政府工作报告——2024 年 3 月 5 日在第十四届全国人民代表大会第二次会议上》，中华人民共和国中央人民政府网站 2024 年 3 月 12 日。

[3]《习近平主持召开中央全面深化改革委员会第二次会议强调　建设更高水平开放型经济新体制　推动能耗双控逐步转向碳排放双控》，中华人民共和国中央人民政府网站 2023 年 7 月 11 日。

[4] 韩文秀：《建设更高水平开放新体制》，《经济日报》2019 年 12 月 12 日。

的自然延伸，还到了历史性转折和升级的重要时刻。本章将讨论高水平开放的方向和定位，尝试建立衡量高水平开放的指标体系，作为制度型开放的评价方向。

指标体系建立的基础是厘清当前阶段高水平开放的特征与目标，结合前述高标准经贸规则与制度型开放精神，概括如下：

一是深度融入全球化的开放。如前所述，全球化进入新的阶段，不确定因素很多，逆全球化和深度全球化的作用力并存，在"十四五"到"十五五"这十年内，全球化可能跌宕起伏，呈现不稳定的胶着或低潮状态。但从全球信息技术、交通技术和其他技术的飞速发展来看，深度全球一体化是确凿的大趋势。因此，即使短期内或有斗争和折返，中国的发展之路必须是深度融入全球化，以全球要素为我所用，才能不落后不被边缘化。高水平开放的首先要义是进一步深度融入全球化，即以全球市场和全球竞争为视野，进一步开放中国的要素市场，包括货物、资金、劳动力和知识产权等，将中国的供应和需求融合在全球产业链中，成为全球重要产业链各分支、各条块、各阶段都不可或缺的参与者。

二是站在全球化前沿的开放。高水平开放是在特殊历史阶段下提出的开放战略方向，不只是与过去纵向比较的"更高水平"，还在于现在与其他国家和地区横向比较的"更高水平"。高水平开放要求关注全球化的新趋势，如推动跨境服务提供、自然人流动、跨境数据流动的便利化和自由化等，进一步消除技术发展、交流存在的障碍，进一步提升国境内的非歧视待遇，对外资、民营和中小企业提供公平竞争的场所和条件等。我们要关注外部，关注前沿，关注未来。

三是以高水平政府为特征的开放。过去，我们习惯以数量来衡量开放的水平，例如：创造了多少 GDP，引进了多少外商投资，落地了多少项目，外贸同比增长多少，集装箱吞吐量多少，跨国公司总部多少家，高科技企业认证多少家，等等。但是，对于质量的衡量，一直是我们的短板。世行的营商环境报告虽具有一定参考价值，但也反映了第三方评价的短板，即只能采用问卷和主观评价方式。实际上，也可以量化评价开放绩效或成果的情况，而主导开放的主体——政府的服务水平，才应是被评价的对象。所以，我们认为"高水平"应当指的是政务服务的"高水平"。对政务服务的水平评价内容很丰富，可以包括投资项目的平均获批时间、需要提交的文件数量、资助或补贴的条件、政府采购的程序与实际情况等。政务服务的"高水平"，才是企业获得感的真正来源。

四是以提升"核心竞争力"为目标的开放。如前所述，全球竞争已经进入战略性的制度竞争，尽管各要素和生产已经全球化，受益却仍有民族和地域性，所以各国都在重点投入和发展核心产业和高科技产业。这是目前开放面临的最重要的外部环境。所谓"高水平开放"要改变过去越多越好、越大越好的简单量化观念，要重点引进、发展和培育具有核心竞争力和战略意义的相关产业链，要强调"以我为主"的收益观，从上到下避免恶性政策竞争，加强内部的区域协作和辐射带动，提高对外开放的受益能力。

五是兼顾平衡与贡献的开放。"以我为主"的同时，也要认识到中国的国际地位已经今非昔比，世界对于中国的期待在过去 20 年内发生了质的转变，中国已经成为举足轻重的贸易投资大国。"高水平开放"要求中国更多地展现对世界的贡献和积极影响，如进口、对外贷款、对外投资、援助和合作等；也要求中国在参与多边和区域性治理中能有更主动、更实质性的承诺和推动作用。

第二节　上海高水平开放功能定位：开放枢纽门户

代表中国"最高开放水平"的上海，应在"高水平开放"的实践中占据领先地位，提出令人耳目一新的开放战略和落实办法。上海的高水平开放，应当摆脱过去基于数量和绩效的评价方法，转向基于质量评价，更重政府效率、规范性、透明度和公正性，以及基于制度优势的对内辐射、对外贡献的综合评价方法。

2019 年 11 月，习近平总书记考察上海时，提出了这座城市应当强化的"四大功能"——全球资源配置功能、科技创新策源功能、高端产业引领功能和开放枢纽门户功能。[1] 在随后的十一届市委八次全会上，时任上海市委书记李强就表示，"四大功能"集中体现了"面向全球和运作全球的有机统一、经济硬实力和竞争软实力的有机统一、重要网络节点和战略通道的有机统一"[2]。四大功能是在"五个中心"初步交卷的冲刺期，上海就下一步发展提出的综合性功能定位。

---

[1]《"五个中心""四大功能"，何以具备国际话语权？》，上观新闻 2020 年 1 月 14 日。

[2]《上海：跑出对外开放"加速度"》，澎湃新闻 2020 年 3 月 12 日。

其中，"开放枢纽门户"一项，专指上海承担着作为中国连通全球的枢纽和通道的核心作用。其基于"五个中心"连接内外的枢纽功能，是五个中心各自分解出开放功能的集成，但又不止于这五个方面，还进一步要求全面整合和升级。国务院在原则同意《上海东方枢纽国际商务合作区建设总体方案》的批复中提到，《总体方案》实施要更好发挥上海对外开放优势，依托国际航空枢纽条件，用好中国（上海）自由贸易试验区制度创新成果，创建高度便利的国际商务交流载体，统筹发展和安全，更好联通国内国际两个市场，更好利用国内国际两种资源，为推进高水平对外开放作出更大贡献。

上海宜从"开放枢纽门户"一项深入探索上海在国家高水平开放中的特殊功能定位。本书也将围绕"开放枢纽门户"构建上海高水平开放指标体系。本书提出，应从以下五个关键词理解"开放枢纽门户"。

一是贯通（unobstructed）。枢纽的中文含义是"指主门户开合之枢与提系器物之纽。比喻事物的关键或相互联系的中心环节"，出自《文心雕龙·序志》："盖《文心》之作也，本乎道，师乎圣，体乎经，酌乎纬，变乎骚：文之枢纽，亦云极矣。"目前最广泛的用途是"交通枢纽"和"水利枢纽"，指的是巨大网络的重要开合之环节或关键联结点。因此，开放枢纽门户功能首先的作用是"贯通"——贯通内外，便利货物、服务、资金、劳动力等的畅通进出。

二是联结（connected）。开放枢纽门户的重要含义之一应当是联结国内外市场和区域内外市场，发挥桥梁作用，实现内外一体的要素最优配置。"联结"意味着跨国公司在布局全球链时，将以这一枢纽门户便捷可达的区域作为布局半径，在这一半径之内主要的商业成本都可以忽略不计。上海应当以海运、空运的直达国家为外部联结区域，以长三角为内部联结区域，形成枢纽门户的联结半径。

三是集聚（collected）。开放枢纽门户毫无疑问应当具备集聚功能。在过去二十年的发展中，上海在加强跨国公司总部等功能性机构集聚、现代服务业集聚、金融机构集聚、创新研发机构集聚等方面已经取得了明显的进展。下一步，要考虑的是如何将更多的高端要素和实业集聚，提升上海的制造能级和价值链的位置。对上海来说，下一步集聚是以实业为导向，以关键产业链环节为诉求。

四是包容（inclusive）。上海仅一城之容，却纳天下百样生态，绝非易事，如无现代通达的文明系统，无法实现这一功能。上海有着悠久的海纳百川传统，其优越的人文和先进的开放观念是促其成为全球城市的重要条件。在以人文、教育、社会、文艺、自然、环境等为特点的相关市场的开放上，上海素有良好的国际声誉和被认可的海派作风，这种"包容性"的优势应当继续保持和发扬。

五是贡献（complementary）。贡献是中国作为负责任的大国对外承担的重要功能，是中国成为全球和区域治理重要协调和平衡力量不可或缺的角色，也是上海定位"开放枢纽门户"的内涵之一。贡献可以体现在货物进口、投资走出去、对外融资、项目合作、发展援助和提供国际交流合作平台上，贡献还体现在上海作为全球城市的影响力和号召力，以及上海广泛高效的民间交往水平上。

简言之，上海的"开放枢纽门户"功能不仅体现在以机场、港口、公路、铁路、金融交易所等为载体的货流、人流和资金流的贯通功能上，还体现在对亚太市场和国内市场的联结功能上，体现为高端要素的集聚和规范高效的营商环境示范，体现为兼容并蓄的文化多样性，还体现在能提供丰富类型的国际交流平台上，体现在"五个中心"的功能互洽上。

第三节　高水平开放评价指标体系建构[1]

高水平开放指标体系的建构，必须考虑全球通行的或标准较高的相关评价体系的设计和实施方法，结合定量和定性评价。对上海而言，作为重要的开放枢纽门户，在资金流、货物流、数据流、人员流和制度保障方面都应当对标国际最高标准。

---

[1]　本节主要参考指数及其链接：1. 世界银行营商环境指数（Doing Business），https://www.doingbusiness.org/；2. 世界银行全球治理指标（Worldwide Governance Indicators, WGI），https://info.worldbank.org/governance/wgi/；3.OECD 服务贸易限制指数（Services Trade Restrictiveness Index, STRI），https://www.oecd.org/trade/topics/services-trade/；4.OECD 数字贸易限制指数（Digital Services Trade Restrictiveness Index, Digital STRI），http://www.oecd.org/trade/topics/services-trade/；5.OECD FDI 监管限制指数（FDI Regulatory Restrictiveness Index），https://www.oecd.org/investment/fdiindex.htm; 6.OECD 贸易便利化指数，https://www.oecd.org/trade/topics/trade-facilitation/；7. OECD 监管政策各类指标，https://www.oecd.org/economy/reform/indicators-of-product-market-regulation/；8.IMF 的资本账户开放度指数（Capital Account Openness Index），https://www.imf.org/external/datamapper/datasets/CL；9.Chin-Ito 资本账户开放度，http://web.pdx.edu/~ito/Chinn-Ito_website.htm。

一、"高水平开放"评价体系框架和指标选取原则

（一）"高水平开放"评价体系框架

基于前述关于高水平开放五个内涵的解释，本指标体系着重从政府主动作为（政策、制度、措施等）的角度衡量开放水平。如果将指标分为法律上的指标（de jure）和实际上的指标（de factor）两类，前者衡量政府开放政策质量和水平，后者衡量政府开放政策实施后产生的成果或绩效，那么本指标体系主要关注于法律或政策上的指标（de jure measures）。通过这样的指标设置，将重点考察政府每年在推进开放、融入和顺应全球化方面有哪些新的政策、制度和举措，是否有明显改进。

本评价体系将基于贸易、投资、金融（或资金）、数据、人员流动和其他制度这六个维度对开放政策进行衡量，其中贸易包括货物贸易和服务贸易。在经济全球化下，货物流、技术流、资金流、数据流、人员流动是全球化中产品和要素流动的主要内容，其中技术流与服务贸易和人员流动相关。为此，在产品和要素流动的视角下，根据政策领域，建立贸易、投资、金融、数据和人员流动相关的开放指标体系。

（二）指标选择的主要原则和主要参考指标

一是跨国可比较。高水平开放应是可跨国横向比较的指标，因此尽可能根据国际著名机构相关指标体系，选择跨国可比较的指标。

二是政策指向性。尽量使用与政策具有直接的关联度和相关性的指标，因此指标选择要尽量细化的，根据政策领域划分的子指标，且能体现不同行业政策的差异性。

三是重点关注跨境流动的指标。指标体系主要关注跨境商业活动所面临的限制，但也不排除相关的歧视性政策。

四是聚焦商业领域政策中的短板。一方面聚焦于商业经济政策，另外尽可能关注目前我国开放领域的短板，如服务业领域的开放、各行业的竞争状况。

本部分指标选择主要参考 OECD、IMF、世界银行等国际组织发布的具有重要影响力的相关指数，根据贸易、投资、金融、数据、人员流动和监管制度等领域选取相应指标的子指标。

本指标体系相当大程度上借鉴和整合了 OECD 相关指数，主要原因包括：一是 OECD 指数按照行业分别设定，具有行业指向性；二是一些 OECD 指数如服务贸易限制指数和监管数据库不仅公布其子指标结果，还公布相关问卷问题以及所依据的法律法规，政策指向性明确；三是 OECD 反映法律法规上的规定，与本指标体系衡量政策质量的目标相一致。

二、"高水平开放"指标体系构建及相关说明

"高水平开放"指标体系构建见表 5-1，由于一些政策要用相当数量子指标，一些细化指标没有完全列出，另外分行业数据也仅列明相关数据为分行业的指标。

表 5-1　"高水平开放"指标体系以及数据说明

一级指标	二级指标	三级指标	数据说明	数据参考
1. 贸易政策	1.1　货物贸易政策	加权平均关税水平	货物贸易开放水平	UNCTAD 数据[1]
		通关指标	分出口和进口指标	世界银行营商环境指数的跨境贸易指标
		贸易便利化指数	11 个政策领域，可根据需要选择	OECD 贸易便利化指数
	1.2　服务贸易政策	服务贸易限制指数	分行业	OECD 服务贸易限制指数
		市场准入限制		
		人员流动限制		
		其他歧视性措施		
		竞争壁垒		
		监管透明度		
2. 投资政策	2.1　FDI 准入限制	FDI 准入限制指数	分行业	FDI 监管限制指数，服务贸易限制指数中外国服务提供者市场准入指标
		FDI 股权限制	分行业	FDI 监管限制指数
	2.2　FDI 审查和批准	FDI 审查批准程序	分行业	FDI 监管限制指数
	2.3　FDI 其他限制措施	外国人任职重要人事的国籍和居民限制	分行业	FDI 监管限制指数

[1]　参见 UNCTAD 的贸易分析信息系统（Trade Analysis Information System, TRAINS），及世界银行 WITS 数据库（World Integrated Trade Solution），https://databank.worldbank.org/source/unctad-%5e-trade-analysis-information-system-(trains)/preview/ 'http://wits.worldbank.org/'。

（续表）

一级指标	二级指标	三级指标	数据说明	数据参考
3. 金融（资本）	3.1 资本账户开放	IMF 资本账户开放度	分资本流入、流出以及不同资产类型等子指标	Chin-Ito 指数、IMF Wang-Jahan 资本账户开放度
		跨国公司跨境资金管理	跨境借款和放款；跨境资金池政策	根据我国相关政策设计指标
	3.2 金融市场开放	外国投资者投资证券、债券市场政策	额度限制、交易场所限制、批准程序等	根据我国相关政策设计指标
		我国投资者投资境外证券市场限制	额度限制、交易场所限制、批准程序等	根据我国相关政策设计指标
		我国企业境外上市和发债限制	批准程序	根据我国相关政策设计指标
		境外企业在我国发行债券、证券措施	批准程序	根据我国相关政策设计指标
4. 数字政策	4.1 数据政策	跨境数据传输政策	包括限制传输，跨境数据条件等细化指标	OECD 数字服务限制指数指标
		数据存储本地化政策		
	4.2 其他相关政策	外资进入电子商务股权限制		
		电子支付方式的可及性		
		跨境交易合同的国际规范等		

（续表）

一级指标	二级指标	三级指标	数据说明	数据参考
5. 人员往来	5.1　商务人员来往便利性	商务人员临时入境停留天数限制	分人员类别	OECD 的服务贸易限制指数中关于人员跨境流动指标
		商务人员临时入境数量额度限制	分人员类别	
		商务人员临时入境的批准标准	分人员类别；劳动市场测试标准（如国内无相关技能人员等要求）	
	5.2　国际高级人才吸引政策	高级人才来华签证和居留政策便利性	批准程序，高级人才认定方法，花费时间等	根据我国政策设计相关指标
6. 治理和其他制度环境	6.1　监管质量	监管质量	政府效率、监管质量、法治等子指标	世界银行 WGI 监管质量子指标
		开办企业、办理破产、获取许可证、办理电力等相关行政程序多个指标		世界银行营商环境指数的相关子指标
	6.2　税收政策	税收负担和行政效率	税收缴纳负担；花费时间和行政费用等	世界银行营商环境指数"缴纳税收"子指标
	6.3　知识产权保护	知识产权执行能力		OECD 服务贸易限制指数，以及 OECD 监管指数设计相关指标
	6.4　竞争环境	外国企业和国内企业面对的竞争环境		

三、贸易开放政策指标

（一）货物贸易

相对而言，关于货物贸易开放水平和政策的数据较多，包括反映关税水平的数据、反映边境通关管理的世界银行营商环境指数中的跨境贸易指标，以及根据 WTO《贸易便利化协议》和 OECD "贸易便利化评价指标体系" 所设计的贸易便利化指数。11 个贸易便利化三级指标包括：信息可获得性、贸易商参与度、预裁定、上诉程序、规费和费用、单证、自动化、流程、内部边境机构合作、外部边境机构合作、管理和公正性。

（二）服务贸易

服务贸易大量涉及国内监管制度，且服务业行业差异大，服务贸易模式又分为跨境交付、跨境消费、商业存在和人员流动提供四种模式，因此服务贸易政策衡量较为复杂。目前全球数据库中，OECD 服务贸易限制指数（STRI）较为全面，且涵盖的经济体中包括了中国。OECD 不仅公布 STRI 各子指标得分，另外还公布每个指标所依据的法律法规和各年问卷情况，因此该数据库的指标和政策关联度高且可查询追溯。

OECD 服务贸易限制措施的构成设计相对复杂。在政策领域上，STRI 分为五大政策领域，分别为：外国服务提供者市场准入、人员流动限制、其他歧视性措施、竞争壁垒以及监管透明度。在指标内容上，STRI 的一些指标与其他指标可能存在重合，如外国服务提供者市场准入部分与 FDI 监管限制指数存在部分指标重合，人员流动限制、竞争政策和监管透明度等方面分别与指标体系中跨境人员流动和国内监管制度有重合。但根据 STRI 各行业的指标设计，人员流动、竞争政策和监管透明度除了包括一般性的适用于所有行业的政策外，还有相当大比例包括了行业性指标，例如人员流动部分，在保险行业则包括保险代理人、精算师和经纪人的资质认可以及跨境提供服务的政策。竞争壁垒和监管行政程序的政策指标设计也同样包括行业性指标。为提高指标的政策导向性，本指标体系建议在服务贸易政策中也包括这些指标，而在人员跨境流动和监管制度环境指标中，在参照其他指标的同时，根据需要选取 STRI 中一般性的适用于所有行业的指标。

表 5-2　服务贸易限制指数分领域

STRI	政策领域说明[1]
1. 外国市场进入限制措施	外国股权限制、董事会和管理层国籍和居民身份限制、设立程序和业务限制政策等
2. 人员流动限制措施	公司内部人员、合同服务提供者、独立服务提供者等类型人员的跨境人员流动政策；特定专业人士资质认定和执业要求
3. 其他歧视性措施	如歧视性税收政策和其他各种形式的补贴政策，一些公共政策所造成的歧视性待遇，如政府采购等
4. 竞争壁垒	公共或政府控制企业的市场地位、竞争法对国有企业的限制、监管部门对产品的批准要求等
5. 监管透明度和行政程序	监管政策发布前的公示程序、许可证发放分配的标准和行政程序等

---

[1] Grosso, M. G., Gonzales, F., Miroudot, S., Nordås, H. K., Rouzet, D., & Ueno, A. (2015). Services Trade Restrictiveness Index(STRI): Scoring and Weighting Methodology.

四、投资政策指标

这部分指标主要聚焦于 FDI 准入政策，主要参考 OECD 的 FDI 监管限制指数，另外由于 FDI 监管限制指数和服务贸易限制指数中的子指标外国服务提供者市场准入指数方面存在重合，因此也参考 STRI 中的外国服务提供者市场准入指数。这主要基于以下考虑：一方面，FDI 监管限制指数所涵盖的服务业和服务贸易限制指数涵盖的服务业不完全相同；另一方面，FDI 监管限制指数没有公布每个指标所依据的法律法规数据。因此，选取 STRI 指数可作有益的补充。FDI 监管限制指数分为外资股权比例限制、外资审批限制措施和其他限制措施三类子指标，本指标体系建议将总指标和三类指标均纳入其中。

表 5-3　OECD 的 FDI 限制指数政策领域

FDI 限制指数	政策领域说明 [1]
1. FDI 股权投资限制	根据股权限制比例划分，股权限制比例越高，得分越低
2. 投资审批标准	主要分为是否需要经济收益测试； 以国家经济利益为主要审核标准； 通知义务子指标
3. 其他限制	包括董事会经理的居民或国籍限制、投资和运营限制要求等

---

[1]　Kalinova, Palerm, & Thomsen. (2010). OECD's FDI Restrictiveness Index: 2010 Update. Paris. Retrieved from OECD Working Papers on International Investment.

五、金融开放（或资本流动）指标

　　本部分主要关注于证券投资资金流入流出的限制，而关于金融服务业的对外开放政策在服务贸易政策和 FDI 准入部分考虑，包括金融机构设立要求、设立后的业务限制措施等。一方面，这部分采用资本账户开放度的国际指标，由于 IMF 资本账户开放度指数发布时间有所滞后，因此建议补充参考 Chin-Ito 指数；另一方面，由于我国大部分资本账户都是有条件开放，或存在额度限制，或要求特定部门审批，近年各类额度限额提高或审批门槛下降，而国际上所使用的指数仅设定为"开放和不开放"二元选择，不能充分反映我国资本账户逐步开放的政策现实，因此本体系建议设计相应的政策指标。

六、数字政策指标

　　数字政策部分主要参考 OECD 数字服务贸易限制指数（DSTRI），该指数包括五大政策领域，分别为基础设施和连通性、电子交易、支付体系、知识产权保护以及其他影响数据化服务贸易的壁垒。类似于一般服务贸易限制指数，DSTRI 也发布政策指标所依据的法律法规。本部分采用了 DSTRI 中除知识产权保护之外的其他政策指标，其中将数据跨境流动和本地化政策纳入数字政策指标，支付和电子交易相关政策纳入其他相关政策指标。数据化服务贸易监管政策中的部分指标可能与服务贸易中的一些指标有所重叠，但这部分主要关注服务提供中受数字化影响较大的服务，如在线广告业务、视频流下载限制等。

表 5-4　数字服务贸易限制指数

政策领域	政策领域说明[1]
1. 基础设施联通性和数据政策	通信服务的可及性、跨境数据转移政策和数据本地化政策
2. 电子交易	电子商务活动的歧视性措施、电子合同是否遵循国际惯例、电子签名政策等
3. 支付体系	特定支付方法的接入政策限制、支付交易的安全标准是否与国际标准相符
4. 知识产权保护	著作权和商标相关的国内政策，以及知识产权执行机制
5. 数字支撑的服务的其他壁垒	数字贸易的各种其他壁垒，包括影响跨境数据贸易的业绩要求（如要求公开源代码）、在线广告限制等

七、人员跨境流动政策指标

人员流动政策一方面要反映人员跨境流动的便利性，另一方面要反映国际人才吸引政策。人员跨境流动的指标设计主要参考 OECD 的 STRI 中人员流动相关指标。

OECD 人员流动的限制措施可分为两大类，一是一般性人员流动措施，即适用于所有行业的人员流动政策，主要包括三类措施：人员数量限制措施、劳动市场测试限制措施和停留天数，而商务人员类型分别包括公司内部人员来往、合同服务提供者和独立服务提供人员三类。二是行业性的人员流动和资格认证措施，主要是针对人员流动较频繁且对其服务提供具有重要性的行业，包括艺术从业人员、演员、

---

[1] Ferencz, J. (2019). The OECD Digital Services Trade Restrictiveness Index.

保险业代理人等人员资质认证和职业要求[1]，这部分在服务贸易部分已反映，因此这部分指标不包括。

关于高级人才吸引政策，人才吸引力是各类综合政策因素的结果，包括政府监管制度质量、商务机会和环境、经济开放度、教育投入和创新力、社会保障体系、生活环境等[2]，国际高级人才吸引很难用若干政策来衡量，因此这部分很大程度上依赖于结果指标而非政策指标。本指标体系基于我国人才签证政策，建议设计相关指标，主要目的是纵向比较我国对于高级人才来华便利化政策措施。

八、监管制度环境

前述几大领域着重用于跨境流动相关制度，这部分着重于国内制度质量和营商环境。与过去对外开放着重于边境上开放不同，21世纪的开放和国际竞争力，越来越多地取决于各国国内制度质量。因此国内制度质量和监管治理能力在开放中的重要性越来越大。

国内制度和监管质量涉及许多领域，指标选择上存在难点，例如在人才吸引能力方面，当地教育质量、医疗水平、生活居住环境、人文环境都是吸引和留住高端人才的重要因素，这类因素所对应的相应

---

[1] 各行业具体指标可参见 Grosso, M. G., Gonzales, F., Miroudot, S., Nordås, H. K., Rouzet, D., & Ueno, A. (2015). Services Trade Restrictiveness Index(STRI): Scoring and Weighting Methodology。另外 2015 年增加更新的行业指标可参见 OECD 的 STRI 监管数据库（STRI Regulatory Database, https://qdd.oecd.org/subject.aspx?Subject=STRI）。该数据库不仅包括指标，还包括各年各国在各指标上的得分以及所依据的法律法规。

[2] 2020 年的 GTCI（Global Talent Competitiveness Index）包含了 70 个变量来衡量各经济体的人才国际竞争力。INSEAD(2020): The Global Talent Competitiveness Index 2020: Global Talent in the Age of Artificial Intelligence, Fontainebleau, France。

政府政策涉及教育、卫生、医疗以及文化等政策，一些指数如国际竞争力指数、创新指数等也将这些因素均纳入考量。但本指标体系为有所聚焦，着重于商业政策制度。

商业制度环境可借鉴的国际性指标包括：

一是世界银行的营商环境指数，这是近年我国各级政府十分重视的指标，本指标体系除了将跨境贸易指标纳入贸易领域外，其他九大领域的指标均纳入商业制度环境指标。营商环境指标主要反映的是国内企业所面临的商业制度环境，在衡量对外开放上存在局限性，且不能反映行业性差异，因此主要纳入国内商业制度范围。

表5-5 世界银行营商环境报告（2021年前）涵盖的商业监管领域

领　　域	政策领域说明[1]
1. 开办企业	开办有限责任公司的手续、时间、费用和最低资本要求
2. 办理施工许可证	建造一个仓库所需要的所有手续数量、时间、费用，施工许可制度中关于质量控制和安全要求
3. 获得电力	连接电网所需手续、时间和成本，电力供应的可靠性以及电费的透明度
4. 登记财产	办理财产转让所需手续、时间和费用，以及土地管理制度要求
5. 获得信贷	动产抵押法律和信贷信息系统覆盖情况
6. 保护少数投资者	少数股东在关联交易和公司治理中的权利
7. 纳税	根据税收法规，公司经营过程所需缴税次数、时间、税费率以及报税后流程情况
8. 跨境贸易	出口相对优势产品和进口汽车零部件所需时间和成本
9. 执行合同	解决商业纠纷的时间和成本，以及司法程序的质量
10. 办理破产	办理破产所需时间、成本、结果、重组率以及破产法律框架

---

[1] *Doing Business 2020: Comparing Business Regulation in 190 Economies*. Washington, DC: World Bank.

　　二是世界银行的全球治理指标（Worldwide Governance Indicators, WGI）。WGI 衡量全球各经济体六个维度的治理情况：话语权和责任、政治稳定性和暴力、政府效率、监管质量、法治、腐败控制。截至 2020 年 8 月底，该指标涵盖了 1996—2018 年 200 多个国家和地区的治理情况，具有相当大的国际影响力。该指标数据基础是来自对企业、非政府组织、商业信息提供主体以及公共机构等人士的调查，是一种感受度为基础的数据（perception-based governance data）。这些调查数据则是来自国际上具有影响力的相关指标，目前涵盖了 32 个数据来源。WGI 将这 32 个数据来源的调查问题及结果分配到上述六类维度中的一类，经数据标准化和统计方法处理后，得到 WGI 六个子指标的得分以及总得分。该指标整合了各类其他数据得到结果，能一定程度反映这一国的治理情况。但该数据也存在一定问题：一是引用多个数据源，而多数据源本身对同样议题均有相关指标，如对于监管质量这一维度，其中 WEF 国际竞争力指数和经济学人智库均包括了税收相关指数。二是政策指向性有限，一方面得分跨领域，涵盖贸易、税收、监管环境等领域；另一方面，一些得分基于商业人士的主观感受度调查结果，这使得治理得分与实际政策之间的关联度有限。

　　因此，本指标体系建议在考察总体治理情况时参考该指数，且基于聚焦商业制度的考虑，建议将政府效率、监管质量和法治这三大子指标作为监管质量的参考。对具体政策领域，可根据需要具体选择更具政策指向性的指标。

　　三是参考 OECD 相关监管政策数据，包括产品市场监管指标（Product Market Regulation Indicators, PMR）、监管政策和治理数据（indicators of Regulatory Policy and Governance, iRPG）、竞争法和政

策指标（Competition Law and Policy Indicators, CLP）、职业准入监管指标（Occupational Entry Regulation Indicators, OER）[1]。我国并没有在这些监管数据库中，但我国可借鉴其方法，积累我国的监管指标数据库。以产品市场监管指标数据为例，产品市场监管指标包括总体经济监管指标和部分服务业（如交通服务业和快递服务业等）的监管指标。监管指标来源为对各国政府机构的调查问卷，反映法律上的规定。OECD 在其网站上公布了 2018 年关于 PMR 的调查问卷，该问卷涵盖多行业以及数字经济等大部分政策指标，包含了大量调查问题，OECD 不仅公布问卷，还公布各政策指标的答案和相应得分，对我国构建监管政策数据具有借鉴重要意义。因此本指标体系建议以 OECD 相关监管政策数据库为参照，建立衡量我国监管政策情况的数据库和政策指标体系。

九、使用"高水平开放"指标体系应注意的问题

所有量化指标都有其局限性，在使用本指标体系时，有以下几方面需要予以注意：

第一，开放指标主要着眼于政策情况，开放收益不在指标考虑范围内。通常而言，国内监管制度和竞争制度较为健全，扩大开放带来的收益往往较高，这一点对服务业尤为明显。另外，高水平开放指标反映政策情况，而非反映中国或上海在全球经济中的影响力，这种经

---

[1] 各类政策指标数据库见 OECD 相应网址：https://www.oecd.org/economy/reform/indicators-of-product-market-regulation/。

济国际影响力不仅与开放政策相关，更多与经济规模和人口规模等因素相关。

第二，指标体系未同时考虑开放风险问题。在当前全球化背景和地缘政治影响下，各国对关键材料、技术和重要产品的供应链安全问题更加重视，开放的同时要考虑相关经济安全问题。开放水平越高，开放安全问题越要重视。但这类问题集中于特定技术、特定材料或特定产品，这种制度建构较难用指标体系加以数量化衡量。

第三，未考虑法律实际执行情况。OECD 的服务贸易限制、FDI 限制等数据库大多数指标反映法律规定上的政策，而非政策实际执行情况。这类法律规定上的指标有助于政府部门比较与其他经济体的政策差异，以决定是否推进改革。但这类指数有时并不能反映相关政策实际执行情况，主要包括两种情况：一是一些经济体法律上规定的制度非常完善，但这类制度执行力严重不足；二是指标本身并不能很好反映相应的制度，例如 OECD 关于竞争状况指标的相当权重放在国有企业市场地位上，但实际上国有企业比重和竞争壁垒之间并非完全对应的关系。

第四，如何纳入企业外向国际化发展相关政策措施。传统发达经济体很少对本国资本流出、人员流出进行限制，而这类政策限制多出现在新兴经济体。虽然一些指标的分指标如资本流出资本管制措施能一定程度反映外向国际化的政策情况，但多数情况下，关于外向国际化政策限制或政策便利化的指标在国际上较为少见。在未来政策指数构建中，我国可根据需要和政策实际情况，建立反映外向投资的限制措施、便利化措施、税收服务能力和税收政策确定性、人员出境便利性等政策措施的指标。

第五，上海可以选择部分重点行业指标。在法律法规方面，上海和全国的水平差别不会很大，但是在政策、措施和地方性法规上，上海仍然有较大的评价空间，特别是监管环境评价，可以从在地和外地企业两方面进行问卷调查。另外，上海可以选择部分重点行业指标每年测算开放度的提高情况，包括制造业和服务业，如飞机制造、重型装备制造、医药生产、航运服务、金融服务、专业服务、会展服务等。

第六章
上海制度型开放的个案分析：
外资制度创新

过去几年里全球叠加的风险因素首先重创了投资，特别是绿地投资。上海也面临从未有过的新增外资下滑、存量外资动摇的困难局面。如何在稳定外资的同时提升外资质量，是当前外资政策转型的核心内容。

第一节　全球外资政策变动趋势研究

一、全球外资格局的新演变：投资信心不足与地缘政治影响

（一）三个重要特点

在过去的 70 多年里，国际投资已经形成了三个重要特点。一是仍以发达国家为主体，在发达国家之间流动，或从发达国家向发展中

国家单向流动。[1]二是国际投资的驱动因素仍以两方面为主：市场驱动或成本驱动，所以尽管分工日渐繁杂，大多数供应链仍然布局在靠近消费市场的区域，或集聚在具有成本优势的生产区域。三是世界各国的外资政策呈现两个方向的延伸：一方面继续推动便利化以吸引外商投资；另一方面以国家经济安全的名义，加强了基于所有权国别属性的资本监管，包括对外资并购的审查以及对本国向外投资的限制。

（二）地缘政治影响上升

2008年以后，重大外部因素叠加，对全球投资格局带来巨大冲击，可能正在酝酿实质性的变动与迁移。这些外部因素包括：2008年美国金融危机；同时期中国劳动法修订和两税并轨，沿海用工成本大幅上升；2016—2017年美国贸易投资政策的变化以及中美贸易争端；2020—2022年的新冠疫情；2022年俄乌冲突；2023年巴以冲突；等等。这些外部因素在短期内高频叠加出现，对投资信心造成了急剧影响，加快了投资重新布局的步伐。值得一提的是，与贸易相比，投资受外部因素影响更大，其震荡幅度远远超过贸易，且具有延宕效应。

（三）复苏后劲乏力

从纵向数据来看，新冠疫情造成的重创仍然是近20年里最突出的，2020年投资数量急跌。依据UNCTAD的《2022年世界投资报告》，2021年全球外资总量达1.58万亿美元，较受疫情影响处于低点

---

[1]　尽管一些新兴国家如中国等逐渐具有对外直接投资的实力，并具有接近美国的双向投资的地位，但仍然是发展中国家中个别的情况，总体流向并未根本变化。

的 2020 年增长了 64%。[1] 这很大程度上得益于疫情后的反弹，以及财政鼓励与刺激下的基建融资和跨国并购，但这一复苏趋势在 2022 年以后减弱。UNCTAD 发布的《2024 年世界投资报告》显示，2023 年全球范围内的外国直接投资规模为 1.3 万亿美元，同比下降 2%。[2] 国际投资环境在 2024 年仍将充满挑战，受增长前景乏力、贸易和地缘紧张、工业政策调整和供应链重构等因素影响，投资者避险情绪蔓延。

（四）国际项目融资与跨国并购下降

依据 UNCTAD 的《2024 年世界投资报告》，受融资条件收紧、投资者意愿不定、金融市场波动以及监管措施趋严等因素影响，国际项目融资以及跨国并购在 2023 年尤其疲软。发达国家吸引外国直接投资主要以跨国并购的方式开展，并购额在 2023 年同比下降 46%；发展中国家在吸引外国直接投资上更加依赖国际项目融资，而对于基础设施建设有关键作用的项目融资同比下降 26%。与之对比，绿地投资（又称创建投资）项目实现了亮眼增长，在 2023 年项目数增加 2%，主要聚焦制造业，扭转了该领域绿地投资持续 10 余年的下跌趋势。

（五）数字经济的潜力

UNCTAD 的《2022 年世界投资报告》显示，此前 5 年，数字跨

---

[1] UNCTAD, "World Investment Report 2022", 9 June 2022, https://unctad.org/publication/world-investment-report-2022.

[2] UNCTAD, "World Investment Report 2024", 20 June 2024, https://unctad.org/publication/world-investment-report-2024.

国企业 100 强的销售额增长速度是传统 100 强企业的 5 倍，疫情对数字经济提供了巨大的推动力。但是，从投资来看，传统产业的跨国公司更多地参与绿地投资，数字跨国公司则更多地参与并购，后者需要相对较少的实物资产投资即可进入海外市场。另外，中小企业为主体的外国直接投资正在下降。在此前 5 年中，中小企业在绿地投资项目中的份额从 5.7% 下降到 1.3%。这意味着未来跨国投资主力将保持为大型跨国公司和数字公司。

二、全球外资政策历史性转型：干预主义与"中国加一"

（一）新干预主义抬头

2008 年开始的此轮干预主义，近两年达到了高峰，在受到疫情等各种外部冲击时政府获得了全面干预贸易投资的正当理由。许多观察者都认为，经历一个漫长的自由化时代（如果从 20 世纪 80 年代起算）后，各国又跳回到了干预主义，普遍采取激进的产业政策，并重视对本国产业冠军的培育。干预主义是对全球化和市场化的逆反。这对外资的影响是直接的：一方面各国仍然希望通过引进优质资本，振兴生产制造业；另一方面，对企业资本国别属性的警惕达到高点，不希望外国企业占据优势地位，甚至不愿意跨国公司在本国轻易攫取垄断利润。

（二）选择性外资政策盛行

尽管相较 2020 年，2021 年新增投资相关政策措施的数量减少28%，但选择性外资政策的趋势仍将持续下去。发达国家扩大了对战略资产免受外国收购的保护，使对投资不利的措施所占比例达到历史最高水平，2021 年达到 76%，主要是以国家安全的名义限制对关键基础设施、核心技术和本国敏感资产的外国投资。具有 FDI 筛选制度（包括反垄断审查与国家安全审查制度）的国家合计占全球 FDI 流入量的 63% 和存量的 70%。此类筛选制度自由裁量权空间很大，俄乌冲突进一步加剧了各国关于产业安全的担忧，短期之内这种歧视性趋势很难逆转。

（三）发展中国家引资竞争加剧

发展中国家引资竞争仍在继续，主要采取措施包括自由化、促进或便利投资，外国直接投资在其经济复苏战略中仍发挥重要作用。2021 年 FDI 的鼓励性措施中，便利化措施占其中 40%，其次是向外国直接投资放开准入（30%）和新的投资激励措施（20%）。

（四）发达国家干预对外投资

发达国家倾向于鼓励本国跨国公司回流，以及鼓励友岸（friend-shoring）布局，这与选择性外资政策是相配套的，是发达国家产业政策的核心。美国发展基于盟友关系（以政治考量为主）的供应链，欧盟则提出基于价值观的供应链（在可持续发展、人权、劳工保护等方面加诸要求），这都可能会进一步推动对外投资服务于其他政策，也相应会推高东道国在经济、社会、环境等方面的标准竞争，提升外资政策与其他政策的复合度。

（五）"中国加一"布局加速

"中国加一"策略（China-Plus-One strategy）的采用，最初可以

追溯至 2010 年前后，为了应对中国沿海制造成本上升，外资企业采取了两种应对策略：一是迁至中国内陆（如安徽、重庆等），相对沿海成本更低，而且还有更多的优惠；二是向临近中国的区域外迁，包括越南、马来西亚、泰国、缅甸等。后者即"中国加一"策略：为了减少对中国的依赖，在中国之外的另一地区发展或投资另一供应商。新冠疫情后，"中国加一"策略被更多的企业接受，特别是在美欧有意将关键供应链与中国脱钩后。"中国加一"策略成为全球供应链管理中的讨论热点，并可观察到向东盟转移的明显势头。UNCTAD 的 James Zhan 在一篇文章中提出："到 2030 年的十年很可能是全球价值链转型的时期。"[1] 20 世纪末开始出现的以市场为基础、以中国为中心的体系，正在转变为一种尽管仍是全球性的、但不那么单一、成本更高的体系。

（六）国际投资协定全面更新

2020 年前后有一些显著的发展，其中包括：新一代超大区域经济协定（MEGAs）的缔结；旧一代双边投资协定（BITs）大规模终止；对投资便利化、气候变化和人权等问题给予更多关注。值得关注的是，旧 BITs 终止的数量连续数年超过新缔结的 BITs 的数量。以 2021 年为例，各国缔结了 13 项 BITs，并有效终止了至少 86 项 BITs。另外，截至 2021 年底，投资者与国家争端解决（ISDS）案件总数达到 1190 件，当年至少启动了 68 件新仲裁。大

---

[1] James Zhan et al.: "Global value chain transformation to 2030: Overall direction and policy implications", 13 August 2020, https://cepr.org/voxeu/columns/global-value-chain-transformation-2030-overall-direction-and-policy-implications.

多数发起的案件都是在旧一代 BITs 下提起的[1]。值得注意的是，2022 年俄乌冲突使得与武装冲突有关的 ISDS 索赔成为人们关注的焦点。

简言之，目前全球投资政策处于历史转折性质的阶段：从过去40 多年倡导自由主义的政策方向，开始向保守主义、民族主义和对抗主义裂变，国家以安全的名义，试图干预跨国公司的全球布局，并认为利润和效率等市场因素不应成为驱动投资的决定性因素。在这样的转型中，投资政策与产业政策、贸易政策、竞争政策、创新政策、环境政策、劳工政策和社会政策等高度复合在一起，相互渗透，相互牵制，这一趋势在国内政策和国际条约中都体现得越来越明显。在新的历史背景下看外资制度性瓶颈问题，其战略目标已经变化，涉及的政策面更广了，因此国内外资政策体系也亟待升级和整合。

对于中国来说，外资政策的历史性转型也正当其时。尽管在过去数年，中国以及所处的亚洲区域仍然是制造重地，是吸引外资增长最快的区域。但负面因素的影响仍然是潜在的迫切的：地缘冲突加剧，发达国家在关键产品供应链与华脱钩，直接损害了对华投资；在美上市或融资的困难加剧，或影响外资增量；美联储实施的不断加码的通缩政策，促使部分资金回流美国；等等。中国当前面临相对困难的境地：一方面仍然需要优质外资的注入，须与大多数发展中国家进行引资环境竞争；另一方面中国已经成为被发达国家高度警惕的对象，须

---

[1] UNCTAD: "World Investment Report 2022", 9 June 2022，https://unctad.org/publication/world-investment-report-2022.

在关键产业上与发达国家展开竞争，外资政策的导向性同样重要。当前对外资政策的重新调整和升级，也将决定中国是否具有持续的营商环境竞争力。

第二节　中国外资制度型开放瓶颈分析

中国的外资政策经历过多个阶段，当前正面临瓶颈。上海作为吸引外资最多的地方之一，同样面临着困难。除了继续提升营商环境外，新的外资政策也应当触及改革的痛点难点，必须进行突破性的改革。

一、外资制度型开放历程与方向

（一）中国外资政策发展历程

中国利用外资政策的发端、发展、转型与完善，与改革开放的步伐紧密联系在一起。如果以重要的方向性变化为指标，中国外资政策的历程可以划分为三个阶段：第一阶段是 1978—2000 年，是引进外资的初始阶段；第二阶段是 2001—2011 年，以加入世贸组织为标志，是引进外资的大发展期与外资政策的完善期；第三阶段是 2012 年以后，是外资政策的转型期。

第一阶段。1978 年《中外合资经营企业法》、1986 年《外资企业法》和《鼓励外商投资的决定》，以及 1988 年《中外合作经营企业法》，正式宣告将大力引进外资，发展三种类型的外商投资企业。

这一阶段的外商投资项目大多数档次不高，以劳动密集型项目为主，主要投向一般加工业、服务业以及房地产业，先进技术型和产品出口型企业所占比重较小，基础设施、基础产业、资金技术密集型和新技术项目以及农业综合开发项目引进外资不多。引进外资的地理分布也主要集中在广东、福建、上海等有特殊政策和海运便利的沿海。对外商直接投资的审批和管理水平较低，吸引外资的地方动力较强。20 世纪 90 年代开始，在中央多次关于扩大开放的决定中，引进外资都作为重点内容之一，也是各地方政府绩效考核的硬指标之一。[1]

第二阶段。2001 年中国加入世贸组织，推动了外资政策的重要转型。九届全国人大常委会于 2000 年和 2001 年通过了对外资三法的修改决定，国务院也对外资三法的实施条例和细则进行了修改，主要是取消了世贸组织《与贸易有关的投资措施协定》所禁止的出口实绩、外汇平衡、当地含量等方面的要求。我国按照入世承诺开放了包括金融、电信、建筑、分销、旅游、交通等在内的众多服务领域，调整了相关的法律法规规章，并于 2011 年建立了外国投资者并购境内企业安全审查制度。这一阶段开启了中国全面参与经济全球化、充分利用两个市场、两种资源的新时期，提出了提高利用外资质量的新方向。[2] 2010 年，国务院发布了《关于进一步做好利用外资工作的若干意见》，提

---

[1]　其中重要文件包括 1998 年中共中央、国务院发布的《关于进一步扩大对外开放、提高利用外资水平的若干意见》。

[2]　党的十七大报告中指出："扩大开放领域，优化开放结构，提高开放质量。"《胡锦涛在中国共产党第十七次全国代表大会上的报告（全文）》，中华人民共和国中央人民政府网站 2007 年 10 月 24 日。

出"创造更加开放、更加优化的投资环境，全面提高利用外资工作水平"。[1]这一阶段，我国积极履行入世承诺，进一步扩大对外开放，利用外资更加注重促进产业优化升级和区域协调发展，年均实际使用外资 803.2 亿美元。

第三阶段。2012 年以来是第三阶段，以对外商投资实行准入前国民待遇加负面清单管理制度为标志。2013 年 11 月，党的十八届三中全会提出了探索对外商投资实行准入前国民待遇加负面清单的管理模式、统一内外资法律法规、加快商签投资协定、改革涉外投资审批体制、放宽投资准入、建设上海自贸试验区、扩大内陆沿边开放等改革任务。2015 年 5 月，中共中央、国务院发布了《关于构建开放型经济新体制的若干意见》，对创新外商投资管理体制作出了全面部署。[2]2016 年 10 月起，自贸试验区的负面清单管理模式在全国推广。2019 年 3 月 15 日，十三届全国人大二次会议表决通过了《中华人民共和国外商投资法》[3]。这部法律自 2020 年 1 月 1 日起施行，取代之前的"外资三法"，成为外商投资领域的基础性法律。这一阶段，中国外商投资管理体制实现历史性变革，将实行了 30 多年的全链条审批制度改为有限范围内的审批和告知性备案的管理制度，同时展开了对照全球高标准提升营商环境的全国性建设。

---

[1]《国务院关于进一步做好利用外资工作的若干意见》，中华人民共和国中央人民政府网站 2010 年 4 月 13 日。

[2]《中共中央　国务院关于构建开放型经济新体制的若干意见》，中华人民共和国中央人民政府网站 2015 年 9 月 17 日。

[3]《中华人民共和国外商投资法》，中华人民共和国中央人民政府网站 2019 年 3 月 20 日。

表6-1　中国重大投资立法与修法年历

时　间	重大外资政策与立法
1978 年	《中外合资经营企业法》
1986 年	《外资企业法》和《鼓励外商投资的决定》
1988 年	《中外合作经营企业法》
1998 年	《关于进一步扩大对外开放、提高利用外资水平的若干意见》
2000—2001 年	修订外资三法及其实施细则
2010 年	《关于进一步做好利用外资工作的若干意见》
2011 年	外国投资者并购境内企业安全审查制度
2013 年	上海自贸区成立，试行外资负面清单管理模式
2015 年	《关于构建开放型经济新体制的若干意见》
2016 年	自贸试验区的负面清单管理模式在全国推广
2019 年	《中华人民共和国外商投资法》
2019 年	《关于进一步做好外资工作的意见》
2021 年	首份利用外资发展专项规划《"十四五"利用外资发展规划》

（二）当前外资政策进入新阶段

1. 保稳促优

从历史数据来看，中国吸收外资在规模数量上取得了显著突破，已进入高质量发展期。2022 年，我国实际使用外资金额 12326.8 亿元人民币，同比增长 6.3%。2023 年实际使用外资金额 11339.1 亿元人民币，同比下降 8%，但规模仍处历史高位。[1] 2024 年上半年的数据反映这一下降趋势仍在延续，但先进制造业吸引外资都在增长。这反映了中国利用外资的局面已经从量升转向质升。依据商务部的

---

[1]《吸引利用外资再发力》，《经济日报》2024 年 3 月 22 日。

"十四五"利用外资专项规划[1]，我国在稳定外资规模、优化外资结构方面，主要发力在两个方面：一个是保稳，一个是促优。保稳，就是稳存量、促增量。未来还将进一步放宽外资市场准入。促优，就是优结构、提质量。下一步将推动强化对制造业吸引外资的支持力度，修订扩大《鼓励外商投资产业目录》[2]，引导外资更多投向先进制造业、战略性新兴产业以及数字经济、绿色发展等领域。

2. 引资便利化

经过 40 多年的发展，中国的引资平台已经较为成熟和完善。包括：投洽会、中博会等一些重大的展会；22 个自贸试验区、海南自由贸易港、230 个国家级经济开放区；以及"1+4"服务业扩大开放示范试点地区等开放平台。从地方层面来看，各地招商引资的动力仍然很强，有许多服务型举措更大力度地帮助企业稳投资、稳生产、稳经营，推动项目早签约、早投产、早达产。尽管如此，随着税收优惠政策回退和本地成本上升，中国参与全球引资竞争的优势有所弱化，需要推出更具有实质内容的改革措施。

3. 引资结构优化

结构优化包括两方面：产业结构优化和区域平衡。近年来，我国利用外资的结构总体上持续优化，但制造业的引资规模和占比出现了下降趋势，制造业空心化的隐忧初现。同时，外资政策中的区域重大战略和区域协调发展战略也仍有提升空间，虽然在支持中西部地区发

---

[1]《商务部关于印发〈"十四五"利用外资发展规划〉的通知》，中华人民共和国商务部网站 2021 年 10 月 22 日。

[2]《鼓励外商投资产业目录》(2022 年版)，中华人民共和国中央人民政府网站 2022 年 10 月 26 日。

挥自身优势，培育新的产业，承接沿海地区产业梯度转移方面取得了一些成果，但不平衡的结构仍未发生根本性变化。尤其是东南亚生产制造能力的崛起，会弱化外资向中国中西部转移的动力，必须关注到外迁对中国结构优化带来的冲击。

4. 制度瓶颈正在突破

2022 年 5 月召开的中央政治局会议指出，稳外资，应进一步扩大高水平对外开放，包括五个方面的内容：（1）修订扩大《鼓励外商投资产业目录》，引导外资更多投向先进制造、现代服务、高新技术、节能环保、绿色低碳、数字经济等新兴领域和中西部地区；（2）推动开放平台建设，发挥营商环境和制度型开放优势，吸引更多外资项目落地；（3）加强外资企业和项目服务保障；（4）优化外商投资环境，全面清理与外商投资法及其实施条例不符的规定，落实外资企业公平待遇；（5）充分发挥外资企业投诉工作机制作用，加大外商投资合法权益保护力度，稳定外国投资者对华投资预期和信心。

5. 外资政策进入第四阶段

综合来看，从 2012 年开始的外资政策第三阶段，即以负面清单管理模式转型为特点的当前阶段已近尾声，亟待进入新的阶段。新阶段的推动力来自内外两方面：从 2020 年新冠疫情开始的外力已经引起全球贸易投资格局的裂变和政策的竞争，而国内产业发展和结构优化也到了需要新动力的阶段，即第四阶段。新阶段的特点将定位在高度竞争的环境下，建立高标准、高复合度的外资政策，纳入贸易政策、产业政策、竞争政策、劳工政策、环保政策、税收政策、反腐败政策等多角度考量，平衡吸引全球资本和发展自主竞争力两方面的目标，建立综合的（comprehensive）和现代化的（modernized）外资政策体系。

二、外资制度型开放瓶颈分析

（一）准入制度瓶颈

1. 负面清单改革

2021 年 12 月，国家发展改革委、商务部发布了《外商投资准入特别管理措施（负面清单）（2021 年版）》和《自由贸易试验区外商投资准入特别管理措施（负面清单）（2021 年版）》，自 2022 年 1 月 1 日起施行。与 2020 年版相比，2021 年版全国和自贸试验区负面清单进一步缩减至 31 条、27 条。2023 年 10 月，中国宣布将全面取消制造业限制，并采取服务业负面清单。这意味着未来可能只有服务业外资准入特别管理措施一张负面清单。其实，仅从数量来看，中国的负面清单已经相当短了，但是，负面清单明确说明"境内外投资者统一适用《市场准入负面清单》的有关规定"，负面清单并不包括那些需要专营许可、产业许可等许可证管理但内外资一致的情形，所以，实际上外资能进入的领域并不等于负面清单以外的所有领域。

2. 制造业准入

2021 年版全国负面清单与之前的清单相比，主要变化仍然是制造业进一步开放。如汽车制造领域，取消乘用车制造外资股比限制以及同一家外商可在国内建立两家及两家以下生产同类整车产品的合资企业的限制。从实施效果来看，宝马、大众、现代、斯堪尼亚等纷纷加大在华投入，同时也带动了伊顿康明斯等汽车配件厂商扩大投资。广播电视设备制造领域，取消外商投资卫星电视广播地面接收设施及关键件生产的限制，按照内外资一致原则管理。新版自贸试验区负面清单制造业条目已实现清零。尽管从负面清单来看制造业越来越开放，但如果考虑到对外资并购的国家安全审查和反垄断审查日渐频繁，国家对关键制造业的态度实际上仍呈现趋紧态势。另外，由于数字技术的采用，制造业与服务业的复合度会越来越高，即使全面取消制造业外资限制，仍然不意味着具体制造业项目的落地是完全无政策障碍的。事实上，从以往自贸试验区的经验来看，大多数重大项目落地需要地方和中央层面各部委的多方协调，企业仍然面临很多不确定性。

3. 服务业准入

与制造业不同，服务业中大部分不开放的原因涉及意识形态问题。例如，最新的负面清单放宽了市场调查领域和社会调查领域准入，但仍严格限制教育、医疗和出版传媒等领域的外资进入。与之对照的是，服务业的外商投资增速近年来超过制造业，说明中国作为消费市场和服务贸易进口大国的地位正在成为外国投资者更关注的焦点。[1]RCEP 生效 6 年后服务业负面清单开放将进一步谈判，中国也面临从正面承诺清单向负面清单转型的要求，这可能是中国加入CPTPP 必须面对的问题。在国家安全审查法、反垄断法、网络安全法、数据保护法、技术禁运规则等规范不断完善的情况下，可以考虑推动更大力度的服务业开放。

4. 境外融资限制

考虑到境外上市与其他融资近年的兴起，其在外商其他投资中的

---

[1]　值得注意的是，随着新的统计口径的实施，外资服务业占比可能进一步提高。2022 年 5 月起实施新的《外商投资统计调查制度》，其中最明显的变化是实际使用外资金额为包含银行、证券、保险领域的全口径数据，进一步扩大了外商其他投资的范围。具体来说，外商投资可分为外商直接投资和外商其他投资，其中，外商直接投资限于境外投资者在非上市公司、合伙企业中的全部投资，在单个境外投资者所占股权比例不低于 10% 的上市公司中该单个境外投资者的投资，以及对境外银行分行、境外保险公司分公司、油气开发项目的投资。

占比越来越高，2021 年外资准入负面清单说明部分增加了"从事外资准入负面清单禁止投资领域业务的境内企业到境外发行股份并上市交易的，应当经国家有关主管部门审核同意，境外投资者不得参与企业经营管理，其持股比例参照境外投资者境内证券投资管理有关规定执行"，由证监会和有关主管部门按规定对从事负面清单禁止领域业务的境内企业到境外上市融资实行精准化管理。这意味着，企业境外融资也受到准入禁止与限制项的制约，但监管部门是证监会和行业主管部门。目前关于境外融资问题，包括中概股，还受到数据出境的限制，与美国等国家制度性冲突已经显现。

表 6-2　中国准入负面清单改革版本（截至 2024 年 6 月）

名　称	发布机关	版　本	生效时间	废止时间
市场准入负面清单	国家发展改革委、商务部	2018 版	2018.12.21	2019.10.24
		2019 版	2019.10.24	2020.12.10
		2020 版	2020.12.10	2022.3.12
		2022 版	**2022.3.12**	**N/A**
外资全国版负面清单	国家发展改革委、商务部	2018 版	2018.07.28	2019.07.30
		2019 版	2019.07.30	2020.07.23
		2020 版	2020.07.23	2022.01.01
		2021 版	**2022.01.01**	**N/A**
自贸区版外资负面清单	国家发展改革委、商务部	2018 版	2018.07.30	2019.07.30
		2019 版	2019.07.30	2020.07.23
		2020 版	2020.07.23	2022.01.01
		2021 版	**2022.01.01**	**N/A**
外资海南版负面清单	国家发展改革委、商务部	**2020 版**	**2021.02.01**	**N/A**

（二）税收政策瓶颈

税收优惠分为基于企业所得税的优惠和其他优惠。基于企业所得税的激励措施包括两种：一是基于利润的激励措施，即确定为利润百分比的激励措施，包括免税期、减少的企业所得税或亏损结转或结转，以冲销以后赚取的利润；二是基于支出（或基于投资）的激励措施，即降低资本投资支出的税后成本，包括投资津贴、加速折旧、税收抵免等。此外，基于支出的激励措施通常针对与国家可持续发展目标相关的特定类型的资本投资或活动，例如技能开发和低碳转型。其他税收优惠包括降低间接税税率（例如增值税 VAT、进出口关税）、劳动者和土地使用税、社会保障缴款和其他付款等。

自 20 世纪 80 年代以来，全球企业所得税率都在不断下调。UNCTAD 的《2022 年世界投资报告》显示，1980 年全球平均企业所得税率为 39.3%，80% 以上有数据记录的国家企业所得税率在 30% 以上，到 2010 年全球平均税率下降至 23.7%，之后趋于平稳，2021 年全球平均税率在 22.7%。[1] 其中，欧洲平均税率已经低至 19.1%，亚洲为 19.3%，北美和大洋洲则接近平均税率，反而是最不发达的非洲和拉丁美洲税率最高。在过去的十年里，全世界仍然采取了大量与税收直接相关的外资激励政策，包括 3—5 年甚至 10 年以上的税收优惠期或免税期，这方面欧洲、北美和亚洲的表现是相当一致的。

以行业来看，主要针对制造业的税收优惠政策大多数适用于所

---

[1] UNCTAD, "World Investment Report 2022", 9 June 2022, https://unctad.org/publication/world-investment-report-2022.

有行业制造活动（79%），实施效果上很大一部分激励措施针对运输设备制造（44%）、计算机和电子设备生产（33%）以及药品生产（22%）。针对服务业的税收优惠政策在实施中则反映了对信息技术（32%）、旅游业（27%）和交通（22%）的政策鼓励。值得关注的是，近五年各国都加大了对可持续发展目标相关产业的税收优惠力度，包括清洁能源、电动汽车、环保、绿色农业等领域。

另外，中国还有些区域性税收优惠。例如，自 2020 年 1 月 1 日起至 2024 年 12 月 31 日止，对注册在海南自由贸易港并实质性运营的鼓励类产业企业，减按 15% 的税率征收企业所得税；自 2021 年 1 月 1 日至 2030 年 12 月 31 日，对设在西部地区的鼓励类产业企业减按 15% 的税率征收企业所得税[1]；自 2020 年 1 月 1 日起，对上海临港新片区内从事集成电路、人工智能、生物医药、民用航空等关键领域核心环节相关产品（技术）业务，并开展实质性生产或研发活动的符合条件的法人企业，自设立之日起 5 年内减按 15% 的税率征收企业所得税。[2]

除此之外，还有一些特殊行业优惠税率设定。例如：自 2020 年 1 月 1 日起，国家鼓励的重点集成电路设计企业和软件企业，自获利年度起，第一年至第五年免征企业所得税，接续年度减按 10% 的税率征收企业所得税；自 2019 年 1 月 1 日起至 2021 年 12 月 31 日，对符合条件的从事污染防治的第三方企业减按 15% 的税率征收企业所

[1]《关于海南自由贸易港企业所得税优惠政策的通知》，中华人民共和国中央人民政府网站 2020 年 6 月 23 日。

[2]《关于中国（上海）自贸试验区临港新片区重点产业企业所得税政策的通知》，国家税务总局上海市税务局网站 2020 年 12 月 18 日。

得税。[1]

自 2008 年两税合一后，中国对外商投资企业的单独优惠税率在公开的法律法规文件中已经不再存续，名义税率 25% 也远高于全球最低税率。[2]但值得注意《全球最低企业税率协议》的两点问题：一是会按照实际有效税率，而不是法定名义税率计算与全球最低税率之间的差额。所谓实际有效税率，可能需要扣除按提前抵扣、计提、补贴等实际享受的优惠后公司实际缴纳的税额占全部所得的比率。二是全球最低税的计算将以跨国公司集团合并财务报告的合并利润为起点，合并财务报告选用哪种会计准则，以跨国公司集团最终控股母公司（Ultimate Parent Entity）所在国规定的会计准则为准，只要准则的选用不至于对集团合并利润造成重大的竞争性扭曲。

包括中国在内的 10 个国家或地区的会计准则为《全球最低企业税率协议》的可接受准则，全球最低税的计算和调整将依赖这些国家或地区的会计准则。必须承认，这些国家或地区的会计准则之间仍旧存在巨大的差异，这既加大了规则的复杂程度，也为税收规划留下空间，这些自由裁量空间将是实际执行中的难点痛点，这些技术细节还有待未来有关全球最低企业税率的进一步谈判。

（三）营商环境政策瓶颈

从 20 世纪 60 年代开始，随着国际投资的兴起，已有文献探讨营商环境评价指标，利特瓦克和班廷认为营商环境应包含政治稳定、市

---

[1]《关于促进集成电路产业和软件产业高质量发展企业所得税政策的公告》，中华人民共和国中央人民政府网站 2020 年 12 月 11 日。

[2]《"全球最低企业税率"，能成吗？》，澎湃新闻 2021 年 6 月 6 日。

场机会、经济发展、文化一元化、竞争等方面。[1]1995 年起美国传统基金会（The Heritage Foundation）联合《华尔街日报》（The Wall Street Journal）发布世界各国营商便利程度指数，该指数主要涉及法律规范、政府规模、监管效率和市场开放四个方面。但受方法所限，各方面对其数据质量一直有一定怀疑。加拿大弗雷泽研究所（Fraser Institute）自 1996 年起也开始发布世界营商便利程度指数（EFW），该指数从政府规模、财产安全、货币稳健、自由贸易和商业管制五个方面衡量经济体的营商便利程度，数据分别来自国际货币基金组织、世界银行和世界经济论坛等第三方，因其透明度和客观性而得到了学者们的广泛关注。

世界银行自 2003 年起每年发布《营商环境报告》评估全球各国的营商环境情况，包括 11 个一级指标和 43 个二级指标，其中一级指标包括开办企业、办理施工许可、电力获取、财产登记、获得信贷、保护少数投资者、纳税、跨境贸易、执行合同、办理破产和劳动力市场监管。因其普适性和完善性，世界银行营商环境指数和排名是目前学术界使用较为广泛的指标。近几年，该报告在中国国内获得了普遍的重视，常常被援引为提升营商环境的标杆，在政府工作报告中被援引频次渐高。也有国内专门团队仿照世行的方法，对中国国内各地甚至县级城市的营商环境进行评价，但得出的结论差别很大。

2021 年 9 月，世界银行《全球营商环境报告》宣布停止发布，并转采另一评价体系。原有评价体系（即 Doing Business，简称

---

[1] I. A. Litvak, and P. M. Banting, "A Conceptual Framework for International Business Arrangements", in *Marketing and the New Science of Planning*, ed. Robert L. King, Chicago: American Marketing Association, 1968.

DB）主采企业全生命周期评价指标，而新的评价体系（即 Business Enabling Environment，简称 BEE）中，关于"软环境"的指标将大幅增加，包括企业准入、获取经营场所、市政公用服务接入、雇佣劳工、金融服务、国际贸易、纳税、解决纠纷、促进市场竞争和办理破产等领域。当前国际投资政策趋势中的许多新要求新角度，如法制水平、劳工标准、知识产权保护水平、环保标准等都可能被纳入 BEE，仍采用主观评价为主的方法，对中国的排名目前看来是不利的。

对企业来说，法治环境固然是最重要的营商环境指标之一，但也并不必然能涵盖全部。许多商业人士提出，投资考虑中还须充分考虑市场机制、政府管理、基础设施、社会文化等，这些因素也应当构成营商环境的重要指标。事实上，这也是该报告广为诟病的一点：其所反映的营商环境的变化并不与外商投资的区位选择匹配，吸引外资最多的国家并不是报告中所称营商环境改善最多或排名最前的国家。现在，国内对世行营商环境评价报告的执着可以适当放下，但是仍然要关注其反映的全球投资政策的新趋势。

（四）竞争中立制度瓶颈

外资所关注的市场竞争条件问题，指的是任何企业不因所有制而处于有利或不利的地位。从目前实践趋势来看，特指国有企业不因与政府的特殊关系而取得不当的竞争优势。OECD 在《关于国有企业公司治理的指引》《竞争中立和国有企业：挑战与政策选择》《竞争中立：维持国有企业和私营企业间的公平竞争环境》《竞争中立：经合组织建议、指引与最佳实践纲要》《竞争中立：各国实践》等多份专项工作报告中，形成了竞争中立八大核心事项：简化国有企业运营方式、核算特定职能成本、给予商业化回报、厘清公共服务义务、税收中立、监管中立、债务及补贴中立、公共采购中立。

竞争中立制度对中国来说是重大挑战，针对中国的意味也非常强。尽管 OECD 的各项文件并不具有约束力，但是其所反映的对国有企业具有不公平竞争优势的担忧和反对，也反映在多国商会和机构关于外资对营商环境的需求问卷中，仍然应当引起我们的重视。在 CPTPP、USMCA 和欧日经济伙伴协定中都包括了"竞争中立"条款。这些条款相较于 OECD 的八大核心事项要弱化一些，原则上并不要求进行国有企业改革，但通常会包括国有企业等相关概念的界定、商业考量和非歧视待遇、公正规则、非商业援助、透明度原则、例外条款和争端解决机制和附件等内容，尤其在核心义务（即非歧视待遇、商业考量、非商业援助和透明度）上会进行详细规范。

以政府采购为例，其中的"竞争中立"要求将是中国未来参与高标准国际协定的瓶颈。例如，按照 CPTPP 要求，各缔约国在承诺开放的政府采购领域，除遵守国民待遇和最惠国待遇外，还需要对设立在本缔约国的实体提供非歧视待遇，主要可分为"股权非歧视待遇"和"来源非歧视待遇"两类。股权非歧视待遇是指对于在本国设立的实体，政府采购不能因为其外资比例的高低或依附程度而给予歧视性待遇；来源非歧视待遇是指对于在本国设立的实体，政府采购不能因其产品或服务来自境外的多少而给予歧视性待遇。

CPTPP 的政府采购条款与 WTO 的政府采购协定相比，虽然在内容上没有实质差别，但在政府采购范围、采购时限、供应商参与条件等规则方面有所深化。例如，CPTPP 增加了 BOT 和公共工程特许权合同，扩大了政府采购的范围。中国不是 WTO 政府采购协定的参加方。目前在政府采购中存在的股权歧视和来源歧视是非常突出的。在对企业的访谈中，对从中央到地方政府层面的各级政府采购，民营企业和外资都纷纷表示很难及时获取信息、很难符合投标条件、参与后也很难中标等。目前国家安全和信息安全又是必须重视的首位要求，在此情况下如何让民企和外企更多地参与政府采购，一直是改革的难题。

（五）ESG 制度瓶颈

如前所述，全球投资政策的重大趋势之一，是 ESG 目标被纳入到投资政策框架内，要求资本（无论来源地）都应朝向和支持联合国 2030 年可持续发展议程目标的实现。过去 20 年，ESG 已经成为上市公司和跨国公司年报披露的重要内容，但仍属自愿披露范畴，是否披露、披露标准、方式等，都没有强制要求。但这样的情况正在改变，体现为两方面：一是 ESG 披露趋向逐步实施强制要求，二是 ESG 标准与投融资条件更密切地结合起来。

在该领域规则制定方面处于前沿的欧盟，除了本书第三章第七节提到的多个欧盟层面的规定和指定，针对碳边境税、产品生态设计、产品数字护照、供应链尽职调查等，最重要的一项规定是《公司可持续报告指令（CSRD）》及其实施准则。[1] CSRD 要求达到门槛的大公司和上市公司报告以下信息：为应对重要的可持续议题所采用的治

---

[1] EU,"Corporate sustainability reporting", CSDR entered into force on 5 January 2024, https://finance.ec.europa.eu/capital-markets-union-and-financial-markets/company-reporting-and-auditing/company-reporting/corporate-sustainability-reporting_en.

理情况和战略；该等重要的可持续议题所产生的影响、风险和机遇；以及量化的指标和目标。该指令和准则还扩大了企业的报告范围，以涵盖整个价值链的重要信息。因此，中国企业也可能被欧盟客户、银行、投资者或其他利益相关者要求报告可持续发展信息。

与欧盟要求同步，在欧盟成员国层面也收紧了对基金和上市公司的 ESG 披露要求。法国的"社会责任标签"有很高的门槛，2025 年起带有新版标签的基金，必须将至少 15% 的资金投向拥有与《巴黎协定》目标相符且制定了能源转型计划的公司，同时禁止投资任何启动新的碳氢化合物勘探、开采或炼油项目的公司，以及开采煤炭或非常规资源的公司。据统计，到 2025 年，欧洲可能会有多达 15 个新的 ESG 投资标准出炉。[1] 这一趋势将直接影响对传统能源企业和重石化制造业的投资。

ESG 制度体系的建构，越来越多地影响国际投资的流向和布局。尽管从 ESG 立法和政策实施层面，中国目前的严厉程度低于欧盟，但 ESG 目标是符合中国的长期战略的。2020 年 9 月 22 日，习近平总书记在第 75 届联合国大会一般性辩论上宣布，中国二氧化碳排放力争于 2030 年前达到峰值，努力争取 2060 年前实现碳中和。习近平总书记强调："实现碳达峰碳中和，是贯彻新发展理念、构建新发展格局、推动高质量发展的内在要求，是党中央统筹国内国际两个大局作出的重大战略决策。"过去四年，中国推动绿色低碳发展不断取得新进展，采取了许多重要的行之有效的措施办法。但同时，ESG 仍然是中国企业需要努力缩小的方面。提升中国的 ESG

---

[1]《欧洲 ESG 投资"硬指标"再加码》，《中国能源报》2024 年 1 月 8 日。

要求和标准，有助于吸引国际投融资，也有助于推动中国双碳目标的实现。

第三节　上海新近利用外资面临的挑战

在过去几年，外资政策面临许多新的挑战。通过对外资企业的调研，可以发现主要的问题仍然集中在开放、公平和投资者信心上。这些挑战有些虽存在已久但近年来矛盾日益突出，有些则是新的趋势与要求。

一、投资者信心

2020—2022 年受疫情冲击，中国经济曾发生了严重的供应链中断和扰乱问题，后续仍可能影响外国投资者信心。上海统计局的数据显示，2023 年 1—12 月，上海新设外商投资企业 6017 家，比去年同期增长 38.3%；实际使用外资金额为 240.87 亿美元，比去年同期增长 0.5%。[1] 2024 年 1—6 月，实际使用外资金额为 101.94 亿美元，比去年同期下降 20.2%[2]。与之作为对照，商务部公布的 2024 年 1—6 月全国吸引外资情况：实际使用外资金额 4989.1 亿元人民币，同比下降 29.1%。尽管全面下跌，上海仍是 2024 年上半年实际利用外资最多的城市，杭州、苏州排名第二、第三，这从侧面反映出，长三角

---

[1]《2023 年 1—12 月上海利用外资情况》，上海统计网 2024 年 1 月 30 日。
[2]《2024 年 1—6 月上海利用外资情况》，上海统计网 2024 年 7 月 29 日。

作为中国制造业中心和开放窗口的吸引力。[1]

如前文所述，由外部因素引起的长时间的供应链中断预期，和国家出于安全考虑对供应链干预的趋势，都加大了企业重新考虑供应链布局的问题，而这不只涉及采购渠道问题，更会进一步影响到投资的调整和转移。供应链的多元化将是未来几年的趋势。在麦肯锡2022年的一项调查中，81%的供应链领导者表示现在从至少两个供应商处采购原材料，而不是只依赖一个。[2]难以逆转的决定则涉及垂直整合的企业——要么建立自己的供应商能力，要么收购已经拥有这种能力的公司。根据计算机行业总营收中企业所占份额来衡量，美国计算机行业的垂直整合程度比20世纪中期提高了50%。与此同时，美国汽车行业的垂直整合在2019年前后也明显跃升。以大容量电池为例，中国公司在电池生产和电池所需矿物的加工方面都占据主导地位，因此，其他地区的跨国汽车制造商正在建设自己的电池厂，甚至投资矿山。

另一个需要警惕的是供应链剥离的风险。为了避免亚洲供应链受到中国不确定的防疫措施的影响，外资企业可能将供应中国市场的供应链与供应全球市场的供应链割裂开来，即"在中国，为中国"（in China, for China）策略。在美国商会2022年6月7—9日对会员企业的一项调查显示，26%的制造商正在加速其中国供应链的本地化，同时将供应全球市场的产品的生产转移到国外。[3]这一策略并不一

---

［1］《上半年上海吸引外资总量全国第一，杭州逆势增长，苏州第三》，澎湃新闻2024年7月22日。

［2］ McKinsey, "Taking the pulse of shifting supply chains", August 2022, https://www.mckinsey.com/capabilities/operations/our-insights/taking-the-pulse-of-shifting-supply-chains#/.

［3］《专访中国美国商会总裁何迈可：在华投资是一个缓慢回归的过程》，中国新闻周刊网2023年4月23日。

定导致在华投资的萎缩，但缺乏与全球市场的连接，必然意味着更高的成本、更差异化的产品和中国全球化竞争力的正向外溢减弱，从长远来看，有违中国利用外资的初衷。

二、数据流动挑战

近年来，随着多项关于数据安全和个人信息保护的法规连续出台，数据合规已经成为企业关注的重点之一。其中，因为业务和集团内部多涉及数据跨境流动，外资企业对数据和网络安全问题尤为担心，因为法律标准模糊，执法程序不透明，对可能发生的数据或网络安全违法不能有效预见。数据流动的自由化和便利化，也会对跨国公司未来的投资布局会产生直接影响。

第一，首要问题仍是数据跨境流动。跨国企业集团因业务或管理需要，向境外集团总部、同一集团内的关联公司或其他第三方提供境内收集或产生的经营数据、产品或服务的用户信息、员工信息、财务数据等，以便境外公司进行管理或分析。其中员工信息的提供除为统一的劳动用工管理目的外，也有可能在员工违纪调查等事项中涉及，例如将含有员工个人信息的调查报告发送给境外管理层。另外，未转移数据但为境外主体提供访问或调用权限等方式，以及在境内向境外机构展示或允许其在境内查看境内的数据或文件信息，也有可能涉及"数据出境"的合规问题。尽管中国相关法律法规也允许在一定条件下，非关键数据可以跨境，但审批流程和具体条件仍然模糊，特别是事前的安全审查和评估，基本上阻止了实时和便捷的集团数据共享和再利用。

第二，计算设施本地化要求增加了额外的投入。计算设施本地化包括存储境内数据（例如邮件发送、上传至境外服务器）等，过去在中国这个要求主要针对互联网企业，现在明确扩大至所有行业，只要涉及境内运营中收集和产生的"个人信息和重要数据"。外企提出计算设施本地化导致的重复建设，将使得企业在这方面支出比开放市场高出 30%—60%（系调研中个别企业估算）。计算设施本地化也必然影响跨境服务的提供，部分未在境内设立运营实体的企业可能因业务开展需要，直接或间接从中国境内收集数据，例如向境内用户提供产品或服务时对用户交易信息的收集。

第三，个人信息保护责任承担方面仍有高度不确定性。必须承认，如果与欧盟 GDPR 相比，中国的《个人信息保护法》标准并不是最高，但是责任分割不太清楚，一律归为信息"处理者"，都赋予一样的要求，使得企业不论大小、涉数据多少，合规风险都居高，同时目前也未明确"标准合同条款""安全港"等一揽子豁免条件。

第四，部分企业反映受到政府强制网络安全评估和检查的困扰。多部法律法规规定了职能部门有权对信息处理者实施现场调查，查阅、复制相关记录和账簿，检查、扣押设备和物品等。但这些授权没有具体的实施条件、标准和界限，对企业来说连申诉或抗辩的可能通道都没有。

第五，外企被排除在行业相关数据标准制定的团体和活动外。2017 年国家标准委、国家发展改革委和商务部联合印发了《外商投资企业参与我国标准化工作的指导意见》，提出要促进外资企业公平参加国家标准化工作。但实践中，这仍是外企反映受到歧视最突出的方面之一，实际执行效果和外资在标准化组织的参与比例（2017年10月，全国专业标准化技术委员会中，来自外商投资企业的委员代表占全部委员人数的5.9%），目前并没有更新的官方数据。

第六，特定行业对数据监管有特别规定，外企需要政府指导和保持沟通。这些行业中，典型的如新能源汽车、医疗健康和金融服务，近些年的数据监管政策趋严，而且变更较为频繁。仅以汽车为例，在测试环节、安全系统、导航系统、视听系统、充电站数据等方面都有越来越多的监管要求，这些监管要求直接影响未来的汽车设计、流水线和供应链，对企业来说最好能给予充分的缓冲期与提前沟通。

三、服务贸易开放挑战

首先要区分服务贸易与服务业的开放，严格意义上来说，服务业的开放只涉及服务贸易中的商业存在形式，其他三种形式——自然人流动、跨境提供和跨境消费都不属于投资政策范畴。近几年关注更多的是后三种形式——跨境服务贸易的开放。2018年10月，上海公布了《中国（上海）自由贸易试验区跨境服务贸易负面清单管理模式实施办法》和《中国（上海）自由贸易试验区跨境服务贸易特别管理措施（负面清单）》。2021年7月，商务部印发第3号令，发布《海南跨境服务贸易负面清单》。与上海的清单相比，海南清单由商务部制定，《海南跨境服贸负面清单》放宽了服务贸易领域内的准入限制，在专业服务、交通服务、金融等领域作出了水平较高的开放安排，力度大于上海。[1] 但是，无论如何测算开放的 160 多个分部门，上海和海南的清单实际上采用的仍然是"正面清单"模式，同时辅之以众多的兜底条款。2024 年 3 月，商务部发布了《跨境服务贸易特别管理措施（负面清单）》全国版和自贸区版，较上海版和海南版都更为简单，但实际上明确不得与现行规定冲突，效力留白很大。

依据上海服务业"十四五"规划，2020 年，全市服务业增加值达到 28307.54 亿元，"十三五"期间年均增速 7.1%，占全市生产总值的比重达到 73.1%，服务业成为经济增长的主动力。服务业固定资产投资占全市固定资产投资比重达 82.1%，实际利用外资占全市实到外资金额比重达 94.5%，服务业成为拉动投资、吸引外资的主力军。因此，上海的外资政策中必须将服务业开放作为重中之重去推进。也应注意到，上海服务业外资来源地的构成中，按实际规模仍是香港地区、新加坡、日本、美国、欧洲占据前五位，其中香港地区占比保持在四分之三左右，而且外商独资企业实到金额占比半数以上。尤其值得一提的是，2022 年上半年上海大宗物业交易额在全国市场占比超过了 40%、外资占比超过 30%，这两个数据创下了近三年之最。因此，可以说服务业中的外资结构问题越来越突出。

上海近年来已连续出台《上海市新一轮服务业扩大开放若干措施》《关于推动服务业高质量发展的若干意见》等文件。2021 年 5 月，

---

[1] 据海南自贸区管委会介绍，以 RCEP 为例，160 个分部门中，《海南跨境服务贸易负面清单》在 110 多个分部门里面，开放水平超过了 RCEP 里中国所作出的承诺。

上海发布《上海市服务业扩大开放综合试点总体方案》。其中提出，高水平开放重点行业领域包括科技服务、商务服务、物流运输服务、金融服务、健康医疗服务、教育服务、旅游服务、电信服务八大重点领域，将分类放宽服务业准入限制。这八大服务领域的开放都涉及非常困难的具体痛点，包括：科技脱钩与技术转移、自然人流动与资质认证、金融安全、数据管理与跨境、意识形态等敏感问题，一些行业对内资都严控准入，或要求必须与国有合资。特别是受疫情与地缘政治影响，涉及物流和人员流动的服务业举步维艰。

四、撤资与转移风险

疫情和地缘政治冲击的直接影响是供应链中断和企业生产销售受阻，间接影响则可能是加速外商撤资与转移。事实上，外迁始于十余年前，而因疫情导致的经常性封控、中美竞争及地缘政治冲突加速了这一趋势。2020 年以前，工资和其他投资成本的上升是外迁的主要影响因素。2000 年，以美元计算的中国人均年收入是美国的 3%，到 2019 年，这一比例上升到 16%。预计未来 25 年，20—65 岁年龄段的中国人口数量将减少 14%，而这一年龄段的人数在南亚和东南亚的大部分地区则迅速增长。从工资水平来看，东盟也是可提供多种阶梯式选择的区域。电子产品转向马来西亚和越南，汽车和包装食品则迁往泰国，机械和石化产品集中到印度尼西亚，南亚则是纺织品生产。2022 年 1 月 1 日生效的 RCEP 推动了劳动密集型供应链从中国向东盟进一步转移。

表6-3　东盟各国法定的最低薪水（截至2021年4月）

国　家	法定最低薪水
柬埔寨	月薪192美元（正式工）/187（临时工）
印度尼西亚	月薪122—306美元（各地区自定）
马来西亚	月薪291美元（56个主要城市）/266美元（非城市）
缅　甸	日薪3.07美元（一日按8小时）
老　挝	月薪116美元
菲律宾	日薪6.57—11.17美元（各地区自定）
泰　国	日薪10.03—10.77美元（各地区自定）
越　南	月薪181美元（区域Ⅰ）/169美元（区域Ⅱ）/148美元（区域Ⅲ）/132美元（区域Ⅳ）

资料来源："Minimum Wages in ASEAN for 2021"，https://www.aseanbriefing.com/news/minimum-wages-in-asean-for-2021/。

除了成本因素的影响，2016年后受政治因素影响，发达国家对华绿地投资明显走低。美国是最突出的例子，自1990年至2016年，美国在华直接投资近6700笔，累计金额为2280亿美元，但2017年以后一路下降。[1]据测算，2013年至2021年，中国实际利用美国的外商直接投资额占比从2.4%下降至1.4%。[2]同样受美国政策影响，2021年中国对美国投资额为55.8亿美元，同比下降7.3%，为2011年以来最低。[3]值得一提的是，人民币在中国的银行代客涉外收支

---

[1] 美国中国总商会（China General Chamber of Commerce-U.S.A.）：《双行道：中美双边直接投资25年全景图》，https://www.ncuscr.org/wp-content/uploads/2008/02/page_attachments_Two-Way-Street-2016_Exec-Summary_Chinese.pdf。

[2] 商务部国际贸易经济合作研究院：《更大力度吸引和利用外资》，《经济日报》2023年6月16日。

[3] 商务部、国家统计局和国家外汇管理局：《2021年度中国对外直接投资统计公报》，中国商务出版社2022年版，第17页。

中的占比从 2010 年接近于零的水平上升至 48%，刷新逾 13 年来的历史新高。[1]东盟、欧盟和墨西哥等与中国的贸易却在扩大，同时这些国家和地区又成为美国的最大贸易伙伴，从侧面反映过去几年投资从中国向这些国家和地区加速转移。

总体来看，2010 年左右开始的"中国加一"策略，"加一"的区域集中在东盟，过去十年也确实带动了越南、缅甸、泰国、马来西亚等区域的发展。这样的区域内转移是碎片化的，以劳动密集型产品为主，但逐渐扩展至资本密集型产品，并逐渐向近美区域和欧洲转移。2020 年以后，美欧从供应链安全入手，对中国进行全面遏制。受此影响，一部分供应链迁出中国，向东盟、墨西哥和欧盟转移，另一部分供应链反而扩大了在中国的生产规模。这一方面是基于中国强大的生产制造能力，另一方面也是转向中国富有潜力的消费市场。

五、ESG 投资挑战

ESG 目前在大多数国家仍是软法要求，即加强 ESG 信息披露和尽职调查。但是，ESG 要求正在趋向变成硬法，在许多项目融资、投资与公共采购中，ESG 已经成为重要条件之一。因此，即使没有直接硬性的国内法或国际条约的约束，ESG 已经在影响全球跨国公司的行为和决策，对在华外企来说也是如此。ESG 对投资领域的挑战，应当包括两个层面：一是对特定企业的 ESG 披露要求的完善，

---

[1]《人民币国际化稳步向前　今年一季度人民币跨境结算规模稳步扩大》，央视网 2023 年 5 月 7 日。

二是在法规政策中纳入强制 ESG 标准。在上海层面，可能能够推进的是应对第一项挑战，即加强 ESG 信息披露。

针对不同对象，当前 ESG 披露要求可大致分为两类：一类具有强制性，面向上市公司或部分特定企业，通过行政法规，强制其披露符合最低标准的 ESG 相关信息；另一类带有激励性要求，通过绿色投资等市场化手段激励企业披露 ESG 信息。包括：

第一，面向上市公司为主的 ESG 披露要求。中国上市公司 ESG 信息披露主要依靠政府部门引导，交易所出台相关政策细化落实。2022 年，上海证券交易所发布《上海证券交易所科创板上市公司自律监管规则适用指引第 2 号——自愿信息披露》，指引的第十四条是"环境、社会责任和公司治理（ESG）"自愿信息披露。2024 年 4 月，上交所发布了《上海证券交易所上市公司自律监管指引第 14 号——可持续发展报告（试行）》，要求上证 180 指数、科创 50 指数样本公司以及境内外同时上市的公司应当按照本指引及本所相关规定披露《上市公司可持续发展报告》或者《上市公司环境、社会和公司治理报告》(以下统称《可持续发展报告》)。这一披露要求框架与欧盟"可持续报告"相似，包括：（1）治理，即公司用于管理和监督可持续发展相关影响、风险和机遇的治理结构和内部制度；（2）战略，即公司应对可持续发展相关影响、风险和机遇的规划、策略和方法；（3）影响、风险和机遇管理，即公司用于识别、评估、监测与管理可持续发展相关影响、风险和机遇的措施和流程；（4）指标与目标，即公司用于计量、管理、监督、评价其应对可持续发展相关影响、风险和机遇的指标和目标。但这一新指引多是要求上市公司做 ESG 方面机制和策略的阐释，没有量化要求，也没有外部审计要求。实际效果仍有待检验。[1]

第二，面向金融机构的 ESG 政策引导。在 ESG 投资方面，国内监管以绿色金融、普惠金融为核心，出台了一系列政策引导，推动商业银行、公募基金等各类金融机构开发更多绿色贷款、绿色债券、绿色基金、碳金融产品等基于 ESG 投资理念的金融产品，引导资金向清洁、低碳、环保的企业和项目倾斜，"以可负担的成本为有金融服务需求的社会各阶层和群体提供适当、有效的金融服务"（国务院《关于印发推进普惠金融发展规划（2016—2020 年）的通知》[2]），推动经济社会绿色、可持续发展。绿色金融和普惠金融的方向定位与 ESG 要求一致。目前的问题集中在：在缺乏强制性标准的情况下，如何评价这些金融政策对投资的支持与引导力度？在外资关心的优惠融资条件中，有无可能发布更具体的规则，支持面向不同所有权属性的企业朝向 ESG 目标的努力？

简言之，ESG 投资应当是鼓励企业有意愿主动创造积极的环境和社会影响，同时实现财务回报的投资行为。就其本质而言，是用商业的方式、金融的手段解决环境和社会问题，实现社会目标。在国内目前讨论最多的仍是"双碳"目标，但 ESG 的内涵要宽得多。如何在全供应链中贯彻环保标准、提高劳动者待遇、促进男女平等、保护种族、文化、宗教等少数群体的利益、服务社区等等，都是 ESG 投

---

[1]　按照本指引规定应当披露《可持续发展报告》的上市公司应当在 2026 年 4 月 30 日前发布 2025 年度的《可持续发展报告》。另外，由于经济下行就业形势不好，工作时间长达"996"（早 9 点上班、晚 9 点下班、一周做 6 天休 1 天）的新闻屡见报端。

[2]　《关于印发推进普惠金融发展规划（2016—2020 年）的通知》，中华人民共和国中央人民政府网站 2016 年 1 月 15 日。

资未来重要内容。尽管这些要求对企业来说都会增加额外的成本，但社会影响和长期收益也是正向的，应当将打造鼓励 ESG 投资的氛围纳入上海打造高水平营商环境的考虑中。

第四节　关于上海突破外资制度型开放瓶颈的几点建议

对应前述新的挑战，就上海突破外资制度型开放瓶颈，可以从服务业开放、税负、数据监管、ESG 投资和公平竞争等几个方面加以改进。

一、推进服务业高水平开放

第一，推进重点生产制造业配套服务业的准入。从整体趋势来看，上海服务业开放政策的重心把握，仍应从两个方向分别切入：一是生产服务业；二是消费服务业。与制造业高质量发展相配套的高技术生产性服务业吸引外资潜力巨大，中国有完整的产业链、供应链和完善的基础设施，在吸引国际高端制造业投资方面具有巨大优势。以复杂供应链的测算来看，近年中国在生产服务的增加值提升方面也是比较突出的。因此，重点推进与生产相配套的服务业的引进外资工作，包括与生物医药、半导体、汽车等尖端制造业相配套的研发、物流、维修、维护和其他衍生服务等，应当是下一步的重点。

第二，消费服务业开放要侧重上海社会民生的需求多元化，切实解决社会政策配套问题。受疫情影响，消费服务业在未来几年的趋势并不被看好，这些年有大量外资餐饮、服装快消等品牌撤出中国市场。但是，随着居民收入提高，国内消费结构也在逐步升级，在教育、养老、健康等领域的需求巨大，这将为外资进入中国市场创造机遇。目前，包括医院、学校、职业培训、养老等领域，外资进入的实际壁垒仍然很高，这些壁垒主要来自开办环节的各项许可证，以及营运环节所需的其他政策（如医保、就业、资质认可、政府采购等）支持，需要下功夫一一厘清，并给予回应与解决。

第三，金融业开放仍须进一步清理许可证以放开业务准入。就外商最关心的金融服务业开放问题，可以比对 CPTPP 要求继续推进试验。CPTPP 框架下金融开放有两个特点：一是开放标准更高，包括准入前国民待遇、负面清单、棘轮机制等规则的适用。二是涉及的义务更明了，除了市场准入、国民待遇、最惠国待遇、高管和董事会的义务以外，对跨境金融服务提供做了更明确的规定。三是范围更广，除了设立金融服务委员会外，还对新金融业务、例外、磋商、争端解决、金融服务的投资争端等进行了更加明确的规定。对中国来说，最困难的还是负面清单开放。

目前来看，因为需要牌照，中国金融开放实质上采取的仍然是正面清单方式，如转采负面清单，压力较大。但从新加坡的 25 项不符措施保留来看，中国谈判时也不是没有可能争取缓冲空间。目前的关键是清理第二道门，即对外资银行进入中国市场后被许可的业务范围再做放开。包括：允许跨境提供投资组合管理的服务；允许跨境提供支付卡的电子支付服务；减少对高管或者董事会非少数成员有国籍的要求；在新金融服务方面给予国民待遇；等等。

二、建立与国际接轨的税负体系

第一，梳理已出台的外资支持政策。特别要对与企业签订的合同、协议、备忘录、会议或会谈纪要以及"一事一议"形式的请示、报告和批复等进行全面梳理。对高新企业实施的提前扣除、财政补贴、优惠税率等政策，可以参照WTO"绿箱补贴"的要求，即符合"由政府提供的、其费用不转嫁给消费者，且对生产者不具有价格支持作用的政府服务计划"条件。如根据财政部、税务总局《关于进一步完善研发费用税前加计扣除政策的公告》[1]，制造业企业研发费用加计扣除比例100%。这类对制造业企业的优惠可以在表述上再清晰一些，如研发费用必须经专项审计、适用对象不得与绩效挂钩等，避免其成为生产性补贴。这一类优惠要争取与国际通常做法一致，并努力明确分类，确保其能被全球最低税率的豁免规则涵盖，不会被跨国公司母国税务机关抵扣或稀释。

第二，全球最低税率的计算，以跨国公司集团最终控股母公司所在国规定的会计准则为准，这意味着母公司所在国——往往是美欧等发达国家的会计准则，将成为主要适用的依据。中国会计准则虽然近些年来与国际财务报告准则日益趋同，但仍存在某些不一致。除了适当修改相关规定外、在细节上进一步与国际接轨外，上海可以率先试验认可跨国公司采用境外会计准则提供的会计报表，并对因此需要额外补充提供的信息予以明确规定。

---

[1]《关于进一步完善研发费用税前加计扣除政策的公告》，中华人民共和国中央人民政府网站 2023 年 3 月 26 日。

　　第三，在出现滥用全球最低税率征税的情况下，企业有怎样的申诉权，能通过什么样的渠道获得救济，实施了优惠税率的东道国与母国之间又是否有具体问题出现时的磋商机制，是未来执行中的重要问题。中国是全球最大投资目的地国，这些问题的解决，必须提到更具体的细节层面，是上海可以先行先试的部分。上海可以考虑建立"总部经济税负联系网络"，对于双重征税、国际避税、数字税或跨国征税执法等问题，整合企业、会计师、律师、财税部门等力量进行联合研究和及早谋划应对。

　　第四，数字企业跨国经营的成本将因全球最低税率升高，作为全球拥有最大数字企业的美国和中国来说，面临的问题是相似的，退一步也是为了应对未来其他国家征收数字税的压力。这部分外资企业可能被加征的税负，是重点要计算的额外成本，要按全球最低税率重新核算，并帮助其建立税务合规框架。另外，对数字企业关注的平台反垄断问题，也可从收集税收审计和执行来加强审查，减少惩罚性的反垄断执法，减少不可预见性。

三、针对性解决外资对数据监管问题的关注

　　第一，出台相关解释细则，提高执法的透明度。如"重要数据""过度收集""滥用"等词语都需要明确界定；数据安全合规架构的具体实施、数据跨境审查的豁免条件等，都需要更详细的实施意见。外企自身已经开始梳理和厘清研发、生产、管理、销售和售后服务中可能涉及的各类数据，并希望有明确的分类指导，澄清哪些数据明确必须适用本地化要求，以及什么情况下能够在集团内部

分享。

第二，细分个人信息的处理，简化个人"同意"的适用，减轻企业合规责任。与许多国家不同，对个人信息保护责任的划定在中国是按照掌握数量规模，而不是相关数据敏感度。而实践中大量企业持有的是消费者销售或服务数据，如姓名、地址和电话等，大多并不涉及生物特征或其他识别信息。因此，有必要将个人信息的保护与"重要数据"区分开来，对个人信息再分级，进一步简化传统服务数据的收集和处理责任。

第三，适用的大量政策性指导文件，如无法律约束力，不应以此为依据施加调查和其他强制性措施。外企反映在数据监管领域，因为法律法规级别规定比较粗略，许多执法参照的是部门政策性文件，在法律上并无效力，如《个人信息安全规范》和《常见类型移动互联网应用程序（App）必要个人信息范围》，这些文件作为现场调查、查阅、调取甚至扣押的依据是不足的，应当在实践中注意避免。

第四，建立申诉渠道。在数据监管中由立法模糊引起的执法界限不清问题，目前仍是比较突出的。面对数据收集、处理、利用等日新月异的做法时，确实有时立法和执法都跟不上。因此，要允许容错机制，并建立企业可利用的行政申诉渠道，这点是需要特别加强的。

第五，特定行业的数据合规要求，须建立对重点外资企业的一对一沟通机制。如前所述，上海重点发展的新能源汽车、生物医药、金融服务等行业都涉及越来越多的数据监管要求，而这些要求可能对整条生产线、新产品设计、供应链等都会造成直接影响。因此，发展改革委、商委应加强与工信部、网信办的协作机制，建立面向重点企业的数据合规沟通与帮扶机制，消除企业对数据合规的担心和因此导致的投资困境。

四、将 ESG 激励纳入外商投融资项目管理

第一，欧盟各项 ESG 规定和指令仍需时日才能通过执行和落实，在此之前的窗口期将极大地督促与欧盟有关联的企业的战略和业务调整。这些文件虽然不直接影响对华投资，但其中反映的关于"强制劳动""碳足迹""碳泄漏"等概念的定义和判定标准，将极大影响全球 ESG 规则形成。可以将欧盟法令作为重要参考，以此为基础出台《上海企业参与全球供应链 ESG 标准指引》，及时对上海参与欧盟及其他地区供应链的企业提示风险和帮助调整。

第二，目前来看，美国提出的绿色供应链以及欧盟提出可持续发展目标下的尽职调查和报告要求，其压力仍然可能集中在初级产品和碳消耗较大的工业制成品，对上海企业的主要影响集中在钢铁、汽车、光伏制造等产业，可能增加此类企业清洁能源的支出。要加快推动全市制造业能源低碳转型，外资政策方面重点是推动清洁材料、新兴关键战略资源及开发技术、清洁交通技术与环境技术等方面的项目合作，同时也要积极谋划与发展中国家在新能源新节能技术等方面多层次合作网络。

第三，在新设外资项目中强化 ESG 评估。可以考虑引进外资或通过技术合作方式，推进本市落后产能调整，推动重点行业、产品能效水平稳步提升。对新设外资项目在引进初期，即要落实能效提升、循环利用、产业链耦合等绿色管理要求。

第四，推动绿色金融立法与"上海标准"的形成。目前已经印发

了《上海加快打造国际绿色金融枢纽服务碳达峰碳中和目标的实施意见》[1]，提出率先探索绿色金融改革创新，支持浦东新区申报国家气候投融资试点，推进浦东新区绿色金融立法。对上海来说，一方面要重视绿色金融市场的构建，包括绿色信贷、保险、债券、基金与碳排放交易市场的完善；另一方面要考虑强化"硬报告"的细节要求和执行标准，归入上海证券交易所等金融市场年报中。

第五，人权问题，尤其是强制劳动问题，将是 ESG 标准中的重要内容，针对中国企业的意味也最为突出。因此，要特别加强在沪跨国公司劳工权利合规建设，对包括工会组织、工资集体协商、劳务派遣、灵活用工、劳工维权等情况进行全面摸底。另外，人权问题与政治联系过于紧密，国外执法机关判断主观且趋于宽泛界定，很难完全从企业层面解决问题，具体案件仍然需要政府加强与国外相关执法部门的协调。

五、打造实质性公平竞争场所

第一，外资提出的竞争中立要求主要针对国有企业获得的特殊待遇，包括融资便利与优惠、财政支持和补贴、政府采购倾斜、行业协会及标准主控等方面的特别优待。因此，践行竞争中立原则应当对国有企业、民营企业和外资企业予以相同或对等的待遇。除了负面清单明确列明的限制措施外，原则上不应因其外资属性对外资在准入、运

---

[1]《上海加快打造国际绿色金融枢纽服务碳达峰碳中和目标的实施意见》，上海市人民政府网站 2021 年 10 月 19 日。

营、融资、项目投标等方面增设额外条件。

第二，全面提高政策透明度，切实破除政府和企业之间的信息壁垒。事涉外资企业的政策措施出台之前，应当充分听取企业和公众对在议政策措施的意见，并将所有意见整理成书面材料，纳入公平竞争审查范围。对反映或担忧最突出的问题，要特别进行注明，是否进行了响应、调整，或者记录不调整的理由。在政策措施进入审查前，咨询企业和公众的数目、场次和结果都应作为程序公正的证明材料留档。

第三，要畅通行政申诉、反馈渠道，并确保司法对行政措施的合法性监督与保障。《中华人民共和国行政诉讼法》第五十三条规定："公民、法人或者其他组织认为行政行为所依据的国务院部门和地方人民政府及其部门制定的规范性文件不合法，在对行政行为提起诉讼时，可以一并请求对该规范性文件进行审查。"在一些地方司法实践中已经陆续出现了与公平竞争审查有关的行政诉讼，上海法院也应尽快明确此类案件的管辖权、受案标准、原告资格、举证责任和裁判范围等具体问题。

第四，对外资企业参与标准化工作的推进情况，要加以追踪与实绩考察。落实外商投资法等规定，保障外资企业平等参与标准化活动，要从具体指标（如外资企业在标准化组织参与比例、管理职位任职比例、标准化方案有效参评比例、采用比例等）入手，结合具体行业的情况，建立指标评价体系。外资企业在标准立项、起草、技术审查以及标准实施信息反馈、评估等过程中提出书面意见的，应当存档并及时处理和反馈。要特别保障外资企业在标准化工作中的知情权、参与权和申诉权。

第七章
上海制度型开放的个案分析：
构建数字经济规则

WTO 数据显示，2022 年我国可数字化交付的服务贸易规模达到 2.5 万亿元，比 5 年前增长了 78.6%，跨境电商进出口规模达到 2.1 万亿元，比两年前增长 30.2%。[1] 由于数字经济涵盖的范围太大，其治理逻辑也非传统贸易投资规则所能涵盖，因此也带来了全球性挑战。从各国公布的许多倡议和向多边组织提案来看，全球在建立开放、包容和可持续的数字规则这一基本方向上有一致的认识。但是，在具体方案和路径上仍然存在重大的利益分歧和冲突。随着数字技术的发展和创设数字规则的日益活跃，缺乏信任和数字鸿沟问题会越来越突出。

---

[1]《商务部世贸司负责人解读世贸组织实质性结束部分全球数字贸易规则谈判成果》，中华人民共和国商务部网站 2023 年 12 月 25 日。

第一节　全球数字经济规则建构趋势

全球数字经济规则的建构正从单边、双边、区域性和多边层面多路径展开，但各主要国家之间的分歧仍然巨大，也使得每一平台每一路径上的相应规则从内容、标准和要求上都存在不同。

一、全球数字经济规则的内涵与外延

"数字经济"可以是非常宽泛的概念，因为数字化几乎影响并发生在经济的所有部门，这也使得对数字经济的量化十分困难。美国经济分析局（U.S Bureau of Economic Analysis）提出，数字经济应当包括三个方面：支持数字经济的基础设施、物件和互联互通安排；电子商务，或者通过网络远程提供的商品及与之相联系的服务；有价数字服务或其他与计算和信息化相关有价服务。[1]OECD定义的框架十分接近：数字驱动的基础设施；数字下单的交易；数字交付的产品。[2]加拿大、澳大利亚等国家在统计数字经济时基本上都采用了与美国和OECD相似的标准。

因此，以普遍认可的数字经济的三个方面为依据，数字经济规则大概也包括三个方面：（1）数字基础设施、移动设备和互联互通标准相关规则，这些规则包括行政许可、资质要求、行业标准、通信标

---

[1]　BEA, "Toward a Digital Economy Satellite Account", 14 September 2021, https://www.bea.gov/data/special-topics/digital-economy.

[2]　OECD, "Guidelines for Supply-Use tables for the Digital Economy", Working Party on National Accounts, 2020, Paris: OECD.

准、投资和并购、运营收费标准、竞争和反垄断等内容。（2）电子商务相关规则，包括数字合同、数字签名、海关与边检相关、税收、质量与消费者保护等相关内容。（3）数字交付相关规则，包括线上合同缔结与履行、数据跨境传输和存储、知识产权、内容审查、源代码与开源等内容。

数字经济规则中相当一部分内容仍然属于一国国内治理和政策范畴，而国际治理主要涉及跨境数字市场与行为。因此，在国际治理范畴下的全球数字经济规则，主要聚焦以下几个方面：

一是数字主权与安全。数字主权指的是一国拥有和控制其数字硬件、软件以及数据等资源的权利。数字主权对应国家对其管辖范围内人和物的控制，但又比传统的属地和属人管辖权复杂得多。抵御数字攻击与维护国家安全是数字主权中日益受到重视的议题。近年来与数字主权相关联的还包括数字发展权，即发展中国家和最不发达国家参与数字经济和发展数字能力的权利。

二是数据流动与应用。首先是数据分类监管，一般分为敏感或重要数据和非重要数据两大类，前者施加更为严格的监管要求，在数据收集、运用、保护和跨境流动上都设置限制，后者则限制较少。其次是数据跨境流动规则，涉及分类许可、安全框架、本地存储要求等，因为要求跨国监管，多出现在双边、区域性协定中。最后是数据相关责任，包括大数据平台责任、政府公共数据公开、反垄断和消费者保护等。

三是跨境电子商务。以电子形式下单的跨国商品和服务交易相关规则，包括电子合同、电子签名、海关与边检相关流程、知识产权、消费者保护等。在国际层面，电子商务相关规则发展最为成熟，形成了大量标准互认、便利化和海关合作、能力建设等相关规则。

四是数字跨境传输和数字交付。与电子商务不同，数字传输与交付指的是不附着于任何实物媒体的数字内容的跨境服务，包括跨境数字服务提供和跨境数字消费等形式。目前这一领域的国际规则聚焦于税收问题，包括关税和所得税，在WTO框架下主要是豁免数字传输的关税，所得税方面则有一些国家已经在依据"服务发生地"征收数字税。[1]

五是设施与设备的互联互通以及数字技术标准。数字设施与设备的互联互通，一直是以国际标准化组织为主要治理机构，但近年来这一领域的冲突和博弈越来越激烈。该问题涉及国家安全、标准必要专利、反垄断、出口管制、投资限制、争端解决等多个领域的相关规则。

六是人工智能共同治理框架。近年来生成式人工智能的发展速度惊人，或带来颠覆性的产业革命，而且也会对政治、军事和社会造成冲击性影响。各主要国家面临两难：一是要通过产业政策支持本国人工智能产业发展；二是需要全球共同加强对人工智能影响的监控与管理。这部分的规则刚刚起步，但正在成为国际治理中的热点。

二、全球数字规则建构的路径分化

全球数字经济规则的构建路径包括单边、双边、区域与多边等层

---

[1] UNESCO, "The definition of digital divide", https://unevoc.unesco.org/home/TVETipedia+Glossary/lang=en/show=term/term=Digital+divide, 2024-03-05.

面。与数字经济的外扩特征相符，各国在建构单边数字政策和规则时都将数字跨境与对外竞争作为重要内容之一。少数国家的小范围协调也已超越了双边和区域的概念，也包括跨区域和诸边谈判的形势。由于利益的分歧和安全泛化的倾向，单边和区域数字规则的阵营化越来越明显，但在内容和目标上也有趋同的一面。相较之下，由于数字经济涵盖的范围太广，大多数多边机构都仅从其管辖角度去建构某一方面的规则。尽管在单边、区域和多边层面都取得了一些进展，但仍离全面的深度的全球治理非常遥远。

（一）单边与区域层面的分歧与趋同

随着数字经济的发展，全球数字立法进入非常活跃和繁荣的阶段。包括美国、欧盟、日本、韩国、新加坡、中国等在内的领先国家，在过去十余年加快了本国数字立法和区域性数字规则制定，形成了一系列方向有所不同的规则建构。从近几年的发展来看，这些规则的范围不断扩大，而且内容上开始有所趋同。过去认为美式规则偏向开放，欧式规则强调保护，中俄则推崇安全，现在美国对数据安全也十分敏感，出台并推动了针对某些国家的数字立法，欧盟也非常注意数字主权和产业政策，中国则开始尝试在安全的前提下逐步开放数字市场和数据跨境流动。但是，内容的趋同并不影响路径上进一步分化，在区域数字规则上可能呈现的阵营分化较其他经济领域可能更加突出。

美国因为拥有全球实力最强的数字企业，在推动全球数字市场开放上一向不遗余力。在 TPP 和 USMCA 的谈判中，美国都要求一般性允许数据跨境流动、禁止各国对数据本地化和软件源代码审查提出要求。在 WTO 电子商务谈判中，美国也曾一度坚持这些条款加入，但随着与中国战略竞争的不断扩大，美国的立场正在发生变化。2023年10月美国撤回了2019年向 WTO 的提案，该提案中有前述几项关于数据跨境自由化的核心要求。2024年2月28日，拜登政府依据《国际紧急经济权力法》(IEEPA)发布了一项保护美国人个人敏感数据免遭"受关注国家"利用的行政命令，限制某些敏感数据向中国和其他几个同样被美国视为"外国敌手"的国家的跨境传输。几乎同步，3月美众议院通过了强制要求字节跳动剥离 TikTok 的法案。显然，美国在数字经济领域已有从自由化朝向"泛安全化"的趋势。

欧盟本土数字企业实力较弱，数字服务市场几乎被来自美国和中国的领先企业占领。因此，一方面是出于规范市场和保护人权的需要，一方面是为了遏制垄断、培养欧盟自主数字能力，欧盟的立法呈现出三个方面的特点：一是注重保护个人数据和强化伦理要求，GDPR 仍然是目前最翔实最有力的保护个人数据和隐私的立法；二是偏重竞争工具，包括《欧盟数字市场法》和《欧盟数字服务法》等，欧盟坚持平台企业需要负起包括公平竞争在内的更大的责任；三是创新监管角度和工具，欧盟是关于数字税、数字版权[1]、云行为准则[2]以及人工智能等方面最积极的立法者。

中国则在近年先后制定颁布了《网络安全法》《个人信息保护法》《数据安全法》，做出了很多创新性的制度探索。同时，积极参

---

[1]　WIPO：《2019年4月17日欧洲议会和理事会关于单一数字市场中的版权及相关权以及修正第96/9EC号指令和第2001/29/EC号指令的第2019/790号指令》，https://www.wipo.int/wipolex/zh/legislation/details/18927。

[2]　欧盟云行为规则，https://eucoc.cloud/en/about/about-eu-cloud-coc/。

加 WTO 电子商务谈判、联合国教科文组织《人工智能伦理问题建议书》等国际规则制定，并提交了《中国关于加强人工智能伦理治理的立场文件》（2022 年 11 月发布）、《中国关于全球数字治理有关问题的立场（就制定"全球数字契约"向联合国提交的意见）》（2023 年 7 月发布）等多项立场说明和倡议。[1] 值得关注的是，中国也在逐渐走向开放并向高标准规则看齐，近年来参与的多项区域贸易协定（如 RCEP）中已有涉及电子商务和数据跨境流动等的内容，同时中国也申请加入 DEPA 和 CPTPP，这两项协定都包括对数字治理的更高标准。2023 年 7 月中央网信办等七部委发布了《生成式人工智能管理暂行办法》，是全球关于人工智能治理的最先立法之一，提出国家坚持发展和安全并重、促进创新和依法治理相结合的原则，对生成式人工智能服务实行包容审慎和分类分级监管。[2]

除了美欧中三大领先者外，一些数字经济第二梯队的国家和区域在全球数字规则中正在发挥更有建设性的作用。以日本为例，尽管自身数字经济的发展较为缓慢，但并不影响其积极参与制定跨国数字规则。日本与新加坡、菲律宾、泰国、澳大利亚、瑞士等国签订的双边贸易协定里都包含电子商务相关条款，与美国、英国签署的双边协定有更高水平的数字贸易条款，日本也是欧盟认证的数据可双向自由流动的国家之一（《日欧伙伴经济关系协定》），日本、澳大利亚和新加坡是 WTO 电子商务谈判的共同召集方。另外值得一提的是 DEPA，该协定由新西兰、新加坡、智利发起，相较于其他数字协定，涵盖

---

[1]　马长山：《"数字人权"的中国图景》，《中国人权》2023 年第 4 期。

[2]　《生成式人工智能服务管理暂行办法》，中国网信网 2023 年 7 月 13 日。

16 个主题模块，内容十分全面，支持和促进包容性和可持续的数字贸易，同时也认可成员为合法的公共政策目的进行监管的权利，该协定的架构十分灵活，各成员可以选择其中数个模块参与，因此是一种创新模式。

（二）多边层面的不同角度

在多边层面，包括联合国、WTO、国际电信联盟、世界海关组织、国际标准化组织、世界知识产权组织等都从各自角度切入数字相关规则的构建。从取得的进展来看，多边层面的规则建构目前仍是碎片的、各自为营的和参差不齐的。例如，联合国体系下，关于数字规则的建构主要着眼于平等受益和人权保护；WTO 则试图在与贸易有关的跨国数据流动、电子商务和数字传输免税上取得共识；世界海关组织着眼于无纸化通关以及电子商务相关通关便利化；国际标准化组织和国际电信联盟则关注基础设施和移动设备的互联互通标准；世界知识产权组织关注的是数字出版、数字产权和标准必要专利等。对于所有多边组织来说，数字经济带来的挑战都是前所未有的，数字治理与其以往的治理路径和手段完全不同，许多工作仍在探索中，达成的多边成果目前十分有限。

其中，针对数字鸿沟和数字人权保护，联合国在 2023 年 5 月发布《全球数字契约——为所有人创造开放、自由、安全的数字未来》简报，建议"制定一项《全球数字契约》，规定原则、目标和行动，以推进开放、自由、安全、以人为本的数字未来，这种未来以普遍人权为基础，使实现可持续发展目标成为可能"。联合国倡议的"数字合作共同愿景"包括八个方面的合作：数字联通性和能力建设；开展数字合作，加快实现可持续发展目标的进展；维护人权；包容、开放、安全和共享的互联网；数字信任和安全；数据保护和赋权；对人工智能和其他新兴技术的敏捷治理；全球数字公域。这八个方面几乎涵盖了数字经济下不平等和人权保护的所有方面。如果能在2024年9月联合国未来峰会上在技术轨上达成"全球数字契约"，将是全球数字规则方面一项基础性制度建设。[1]

相比联合国，WTO框架下电子商务谈判有实质进展，但因为是诸边形式，成果效力将有所折扣。中国、美国、欧盟等76个世贸组织成员在2019年1月以共同联合声明方式启动全球数字贸易规则谈判，并于2023年12月宣布包括中美欧在内的90个世贸组织成员实质性结束部分谈判，这些成员涵盖全球贸易规模90%以上。已完成谈判的是13个条款，即电子认证和电子签名、电子合同、无纸化交易、开放式政府数据、在线消费者保护、非应邀商业电子信息、透明度、电子交易框架、网络安全、开放式互联网接入、电子发票、单一窗口和个人数据保护。从现有成果来看，硬约束条款不多，就电子支付、跨境数据传输、数据存储本地化、电信服务开放等敏感议题的谈判还是困难。另外，原先希望在WTO第13次部长会议上推动电子传输永久免税，但最终仍只是将暂免关税延长至下一届部长会议，侧面反映了电子商务议题上各成员分歧仍然巨大。

另一多边治理热点是人工智能。2016年起至今，全球主要国家

---

[1] 联合国于2021年9月发布了《我们的共同议程》报告。报告提出，将在2024年9月的未来峰会上通过技术轨就全球数字契约达成一致。该数字契约涵盖了包括政府、联合国系统、私营部门（包括科技公司）、民间社会、基层组织、学术界和个人在内的所有利益攸关方，https://www.un.org/techenvoy/zh/global-digital-compact。

和国际组织等发布了超百份 AI 战略及相关治理文件，从这些文件来看，AI 治理目前主要集中在公平和非歧视、安全和可控、透明 & 可解释和可溯源、责任、隐私保护、伦理道德等方面。[1] 目前许多治理文件仍然是原则性规定和倡议性内容，但其中反映的许多关注都是相似的，如个人数据保护、社会伦理、知识产权等。2023 年底在英国召开的全球人工智能安全峰会，达成了《布莱奇利宣言》，强调人工智能的许多风险本质上是国际性的，因此"最好通过国际合作来解决"。之后，在旧金山中美元首会晤期间，中美两大人工智能领先国家同意建立人工智能政府间对话。由于人工智能发展的速度极快，全球规则制定的速度明显落后。此外，人工智能被认为是第四次工业革命的核心技术，各主要国家在该产业上的竞争非常激烈，各国产业政策与全球合作治理之间的冲突将进一步加剧。

第二节　数字经济治理的难题与挑战

当前数字经济治理面临两大难题：相互信任不足；数字鸿沟扩大。这也使得统一的互相兼容的数字经济规则的建立非常困难，对全球技术发展和市场融合提出挑战。

一、数字经济全球治理的难题

数字经济自身的发展需要跨越国境实现更大规模的网络效应，这

---

[1]　张沛、刘媛媛：《人工智能治理国内外发展现状分析》，《产业与政策》2023 年第 1 期。

就要求各国在设施、设备、平台、标准和技术等方面要尽量达成协调与一致。同时，数字技术将带来生产效率和经济增长的跨时代跃升，又不可避免地成为各国产业政策竞争的核心。这就使得全球规则的建构遭遇两大难题：一是近年来由安全泛化导致的，主要国家之间缺乏信任，产业竞争将进一步损害信任基础；二是在数字技术发展上差距太大，使得各国关注的焦点、监管水平、参与规则制定的能力等参差不齐，即数字鸿沟问题。

（一）信任

全球数字互联互通的基础是信任，而在日益分裂的时代，缺乏信任成为国家与国家之间、国家与市场之间、企业与消费者之间的最大障碍。全球数字经济规则的构建，很大程度上要建立相互的信任，以规则去约束彼此，但信任又成为愿意一起构建统一规则的前提条件。在全球数字规则中关于信任的难题来自两个方面：

一是国家安全和自由化难题。过去数年，新冠疫情、地缘冲突等风险叠加，推高了全球对安全的关注。以国家安全为依据，对数字基础设施、高端芯片、数据跨境、云服务等数字贸易、投资和研发，各国都加大了监管和限制。美国推动的 5G 联盟、芯片联盟等都具有分割市场的歧视性。欧盟则加大对个人数据保护、平台企业责任、数字税等新型监管工具的开发。国家安全泛化成为数字经济一体化和自由化的障碍，以政治考量针对性地排除敌对国家及其企业，甚至不惜成本干预市场运作。作为例证，数据跨境流动规则的谈判日益变得困难和政治化，越来越多的国家禁止敏感数据，甚至一般数据向不信任的国家传输。

二是数字犯罪和执法难题。与数字经济发展同步，数字犯罪形式与手段日新月异，执法方面则相对滞后与力不从心，人工智能技术还将带来新的数字犯罪风险。据世界经济论坛报告，2021 年数字经济价值为 14.5 万亿美元，但网络犯罪的全球成本估计为 6 万亿美元，即占数字经济的 41%。更令人担忧的是，到 2025 年，世界经济论坛计算出数字经济价值将达到 20.8 万亿美元，但网络犯罪价值将达到 10.5 万亿美元。因此，尽管数字经济的价值不断增长，但网络犯罪将增长更快，到 2025 年将占数字经济规模的 50%。[1] 错误信息、虚假信息和仇恨言论的泛滥、经常发生的数据泄露以及网络犯罪的增加，将进一步影响信任的建立。有效地应对和制约数字犯罪，将是全球发展数字经济必须要解决的首要难题之一。

（二）数字鸿沟

"数字鸿沟"（digital divide）是指能够访问和利用互联网及其提供的新服务的人和被排除在这些服务之外的人之间的区别。[2] 从根本上讲，公民和企业参与信息社会取决于信息和通信技术（ICT）的使用，即计算机等电子设备和互联网连接的存在。该术语也明确包括获取信息通信技术以及参与信息社会所需的相关技能。据联合国下属国际电信联盟数据，到 2023 年，全球约有三分之一的人口（即 27 亿

---

[1]　World Economic Forum, "Digital trust: How to unleash the trillion-dollar opportunity for our global economy", 17 Aug. 2022, https://www.weforum.org/agenda/2022/08/digital-trust-how-to-unleash-the-trillion-dollar-opportunity-for-our-global-economy/#:~:text=The%20World%20Bank%20estimates%20that, faster%20than%20physical%20world%20GDP.

[2]　Yu L.Z., "Understanding Information Inequality: Making Sense of the Literature of the Information and Digital Divides", *Journal of Librarianship and Information Science*, 2006, Vol.38（4）: 229—252.

人）仍处于未能连接互联网的状态。[1]世界银行的数据则显示，到 2022 年，高收入国家中超过 90% 的人使用互联网，而低收入国家中只有四分之一的人使用互联网，许多人不具备有效使用互联网的基本技能。[2]数字鸿沟的存在，意味着当前全球数字规则的构建实际上已经排除了部分国家、地区和人群的参与，其公平性和民主性一直是个难题。

数字鸿沟的弥合，需要从以下几方面着力：一是要加大在发展中国家和最不发达国家数字基础设施的投融资；二是要提供可持续方面的援助，包括对妇女、儿童和弱势群体的数字帮扶；三是要推动在农业、加工制造业等传统产业的数字应用，提高其生产效率。这些方面，都需要来自先进国家的贡献与帮助。但主要大国在数字产业上的竞争和分裂，也影响了在弥合数字鸿沟上的共同努力。数字鸿沟不仅意味着南北贫富分化的进一步拉大，也意味着全球人权和民主进程的更大困境。因此，数字能力建设也成为全球数字经济规则中最重要的内容之一。

二、数字经济治理面临的挑战

与数字技术的迅猛发展相比较，数字规则的建构仍然存在滞后和能力不足的问题。在出现新兴的颠覆性的技术时，关于如何有效治理和平衡创新动力的许多具体问题，在国内层面尚无法达成共识，遑论

---

［1］ ITU, "Global Digital Regulatory Outlook 2023—Policy and regulation to spur digital transformation", 2023, https://www.itu.int/hub/publication/d-pref-bb-reg_out01-2023/.

［2］ https://www.worldbank.org/en/topic/digitaldevelopment/overview#1.

利益分歧巨大的国际社会。尽管如此，由于数字经济关系全球未来，规则的建构既迫切也重要，需要各国共同努力。当务之急，可能是要通过有约束力的具体规则建立安全框架和相互信任，采取实际行动消除数字鸿沟。

第一，全球数字经济规则建构中的碎片化问题短期之内仍将存在，缺乏信任和安全泛化是主要原因。疫情以后地缘政治对全球经济的影响达到高点，各国对经济安全和韧性的重视更加突出。大国之间的战略竞争与博弈，以及开始初露端倪的基于价值观的贸易、投资联盟，极大地损害了全球数字规则建构需要的基础——信任。因此，一方面单边规则和政策仍在层出不穷，区域协调十分零碎，另一方面多边进展有限，路径的分化反映了各国利益的分歧和合作的困难。但值得注意的是，在数字规则上也出现方向、逻辑和内容趋同的势头，或提供下一阶段多边治理的契机。

第二，全球数字经济规则建构的共同目标应当是开放、包容和可持续。"开放"指的是数字规则应当促进各国数字基础设施、设备、平台、技术、标准、数据、算力和算法等方面的硬联通和软联通；"包容"指的是由于各成员数字经济发展目标、能力和方式上有明显差别，应当兼顾各方诉求，以更具弹性和包容的框架促进数字经济的繁荣与共享；"可持续"则是指基于联合国2030年发展目标，要推动"以人为本"的数字经济发展，包括公共数字资源的利用、伦理原则在技术中的贯彻、网络空间中的人权保护、对数字弱势群体和国家的帮扶等。理想的全球数字经济规则应当能维护个人、企业、国家与技术之间的平衡，这对所有参与者都是有益的。

第三，建立信任和弥合数字鸿沟的解决需要实际行动。即使在较为成熟的电子商务领域，包括无纸化通关、电子合同、电子签章等，其国际规则的达成和执行也要建立充分的信任，这不仅关系国家和国家之间的信任，还关系到国家与企业之间、国家与个人、企业与个人之间的信任。信任建立的关键因素是透明度和约束，这在目前仍是缺乏的，需要实质性的承诺。而弥合数字鸿沟则更需要领先国家的贡献和合作。这方面，联合国的协调作用仍然是不可替代的，联合国的《全球数字契约》是一项已经包含目标和具体行动的较为全面的建议，可以成为未来全球行动的指南。

第三节　全球数字经济规则的具体分歧

全球数字经济规则在治理框架、隐私保护、国家数据主权与本地存储要求、数据垄断、关税征收等多个方面都存在具体分歧，也使得协同治理十分困难。

一、治理框架

在现有的双边、区域和多边实践中，"数字贸易"或"电子商务"谈判的范畴长期以来存在争议。在 WTO 框架下的讨论中，至少涉及三种形式的贸易：①有物理载体（如多媒体音像制品）的内容贸易；②以完全电子传输方式进行的内容贸易；③借助网上平台 C2C 或 B2C 交易的小额商品贸易。第①种原先归类在货物贸易，第

②种在 WTO 下为了与第①种区分，早期称为"电子传输（electronic transmission）"，第③种则是传统意义上的电子商务。这三种形式中，第①种和第③种有明确的作为货物的分类编码外，第②种至今还未能在国际层面达成其海关编码分类的协议，被认为是狭义的"数字贸易"。

这三种形式的差别还是明显的，第①、②种主要是载体差别，但正是因为载体差别才导致第①种有海关监管，第②种则归口不明。第③种的交易对象仍然是实物商品，而不是内容，与前两种有本质差别。但是因为是以电子平台撮合的交易，所以现有 FTA 中也多对其便利化进行协调，涉及电子签名、电子合同效力以及减免税的一些规定。本书所称"跨境数据流动"是近些年的提法，主要涉及第②种形式的数字贸易，但与第①、③种都存在交叉。

如前所述，因为无法简单地归类在货物贸易的税则分类号下或服务贸易的服务部门分类下，"跨境数据流动"的谈判近些年逐渐朝向另一种截然不同的框架，即从降低壁垒的治理目标出发建立共同的标准或协调的行动。简言之，关税和部门准入的限制性措施，都不是跨境数据流动谈判的核心，其要消除或降低的壁垒主要来自各国国内规制措施。

目前数字贸易中的壁垒有这样几种：①数字连接性（digital connectivity）和基础设施。数字连接性问题主要关涉电信基础设施和网络的接入，要求占有电信网络或其他自然垄断性的基础设施拥有者，应当公平地向外部提供其网络的接入。这在 WTO 项下的《基础电信协议》中已有涉及。②监管与法律框架。各国对数字贸易的监管可能是多角度的，如海关监管、征税、金融监管、国家安全、消费者保护、反垄断等，各国都意识到传统的监管与法律框架适用于数字贸易无法准确和适当地处理相关问题。另外，法律体系之间的协调也是个问题；③数据本地存储义务。有许多国家要求在本国获取的数据必须存储在本地的服务器。④数据过滤、调取与审查要求。各国都设置了以国家安全为名义的数据干预权力，程度上有差别。⑤知识产权要求，特别是对互联网平台加诸的版权保护要求，可能在细节和执行力度上有差别。⑥特殊数据不能跨境流动，除了个人数据外，一些国家还对公共政策数据、文化产品、金融数据等设置跨境流动限制。[1]

在以上六种贸易壁垒中，除第①种已有规范外，其他五种尚未形成多边规则，但在一些 FTA 中已有涉及。现在广泛讨论"跨境数据流动"，实际上就是要针对第②—⑥种壁垒，协商解决如何进一步降低、消除壁垒或进行执法协调。这就是"跨境数据流动"问题目前的基本治理框架。这五个壁垒问题，也是过去 WTO 多边贸易机制从未涉及的。这五个壁垒与"边境或关境（border）"密切相关，但实际上涉及的是"边境内"的政府管理措施。走在前列的美式 FTA 实际上回避了数字贸易归类这一基础问题，而直接处理五个壁垒。就目前测量数字贸易的技术难度来看，这可能是更务实的一种做法。

---

[1] See Britain Department of International Trade and Department for Digital, Culture Media & Sport, "Understanding and Measuring Cross-border Digital Trade", https://www.gov.uk/government/publications/understanding-and-measuring-cross-border-digital-trade, 14th May 2020, pp.15—18.

二、隐私保护

隐私保护，或个人数据保护，是跨境数据流动中最重要的一个问题。很多国家将之设为允许个人跨境数据流动的先决条件之一。早在1980年，OECD即发布了《隐私保护与个人数据跨境流动指南》。但局限于当时的技术发展水平，跨境数据流动主要是指点对点的传输，如公司内部行政信息、客户名单、客户服务记录等信息的交换，问题相对要简单得多。近40年，随着云计算技术的发展，数据流动规模剧增，特别是海量个人数据的收集、处理、存储和再利用都能瞬息完成，越来越多的公司直接掌握个人数据，也使得风险激增，对隐私保护提出了前所未有的挑战。

目前在隐私保护方面，影响力最大并被援引最多的是欧盟的GDPR和APEC的《隐私框架》。GDPR被认为是目前世界上对个人数据保护力度最大的立法。其建立了三项原则：（1）所有涉及个人信息收取、处理和利用的活动都必须事先取得当事个人的明确同意；（2）数据持有企业分为"数据控制者"和"数据处理者"，二者都负有数据保护的直接责任；（3）在确定安全和充分保护的前提下，鼓励数据，特别是非个人数据，在欧盟内部的自由流动；在严格的条件下，可以允许个人数据转移到欧盟以外。

APEC的《隐私框架》并不是一项强制法令，建议APEC成员自行实施。《框架》建立了个人数据跨境流动的"负责制"（accountability）原则，即要求个人数据的最初收集者应当对数据保护保持负责，其须遵守数据最初收集当时当地的隐私政策，而无须考虑之后数据传输或流转过程中可能涉及的其他组织或国家的相关政策。与欧盟GDPR

相比较，这种负责制显然降低了数据最初收集者的责任，使得跨国公司的数据收集、处理和再利用等活动都更容易展开。APEC 的《隐私框架》代表了美国的主张，因此在之后的美国对外 FTA 中经常被援引和采纳，也为加拿大和澳大利亚在国内立法中参照[1]。

隐私保护涉及各国国内规制的许多方面，包括权利范围、归属、义务、责任等问题，本书不就此展开。仅就跨境个人数据的流动，目前有两种基本模式：一种是原则上允许个人数据跨境流动，但监管机关有权加以禁止或限制；一种是除非获得明确许可，个人数据不得跨境流动。即一概许可式和单独许可式。美国推崇的是第一种模式，而且希望对监管机关的干预权也要加以约束，以减轻企业在跨境数据流动上的合规成本。欧盟其实采取的是第二种模式，但相对于繁琐的个案审批，欧盟允许更多一揽子渠道的建立，如对认可的国家的传输和认可的企业集团内部的传输等。

在第二种模式下，关于在什么条件下可以许可个人数据跨境流动，又存在不同的处理方法。中国《个人信息保护法（草案）》要求个人数据跨境流动除非个人同意外，要经第三方安全评估，即采取个案审批方式。欧盟的一揽子许可则包括：（1）以地域（geography）为基础，该区域的法律法规框架建立的隐私保护足够了，那么就允许对该区域进行数据流动。（2）基于组织水平（organizationally based）确认隐私保护水平，即企业如能证明其集团内部建立了充足的隐私保

---

[1] Canadian Personal Information Protection and Electronic Documents Act, https://www.priv. gc.ca/en/privacy-topics/privacy-laws-in-canada/the-personal-information-protection-and-electronic-documents-act-pipeda/; Australian Privacy Principles, https://www.oaic.gov.au/ privacy/australian-privacy-principles/.

护框架或采用了标准合同，就可以被允许进行组织内部的跨境数据
流动。

三、国家数据主权与本地存储要求

"数据主权（data sovereignty）"观点认为与数据相关的各种活
动应当首先遵守其被收集所在国的法律和治理框架。"数据主权"总
是与数据安全、云计算和技术主权等概念联系在一起。"数据主权"
的提出和广泛讨论，最初源于斯诺登的"棱镜门"事件，其暴露了
美国安全部门利用美国互联网公司收集和调取全世界数据的内幕，
引起了全世界的恐慌和主权国家的普遍指责。事实上，在"9·11"
以后，美国通过的《爱国者法案》授权美国警察为反恐需要，可以
任意调取在美国境内的信息，无论信息来源，包括窃听、网络搜索
和监视等手段。[1]

在互联网领域拥有绝对优势的美国在斯诺登案后并未收敛，反而
更加公开地宣扬其基于所谓国家安全诉求的长臂管辖权。2018 年 3
月，美国国会迅速通过《澄清合法使用境外数据法案》（简称 CLOUD
法案）。该法案表面上是对美国政府调取境外数据设置条件，实际上

---

[1]《美国爱国者法》（USA PATRIOT Act）是 2001 年 10 月 26 日由美国总统乔治·沃
克·布什签署颁布的国会法，正式的名称为 "Uniting and Strengthening America
by Providing Appropriate Tools Required to Intercept and Obstruct Terrorism Act of
2001"，中文意义为 "通过使用适当之手段来阻止或避免恐怖主义以团结并强化美国
的法律"，取英文原名的首字缩写简称为 "USA PATRIOT Act"。"USA PATRIOT
Act Comprehensive Assessment Results"，*Treasury Board of Canada Secretariat*. 2006-
03-28。

却是将这一权力合法化。[1] CLOUD法案建立了"数据控制者"标准，其规定"无论通信、记录或其他信息是否存储在美国境内，服务提供者均应当按照本章（即《存储通信法案》）所规定的义务要求保存、备份、披露通信内容、记录或其他信息，只要上述通信内容、记录或其他信息为该服务提供者所拥有（possession）、保管（custody）或控制（control）"。

尽管美国从未正式伸张过"数据主权"，但CLOUD法案完全展示了美国倚仗强大数据优势的双面标准：既要求绝对保护本国数据，又要求能随时调取美国公司掌握的全球数据。[2] 由于美国互联网公司和其他通信服务公司掌握了全世界大部分国家和地区的市场和用户信息，CLOUD法案一举颠覆了传统的"属地原则"（又称"收集地原则"），或可称之为美国的"数据霸权主张"。

对美国数据霸权的担心，使得越来越多国家主张基于收集地原则的"数据主权"和存储本地化要求。典型的例子是俄罗斯和中国。俄罗斯要求所有俄罗斯公民个人数据必须存储在本地服务器，其存储、处理和更新都应在本地的数据中心进行。中国规定，关键信息基础设

---

[1] 在2013年微软诉美国案，美国司法部要求微软提供其服务器设在爱尔兰的Hotmail邮箱账号信息，微软以数据存储在爱尔兰应受欧盟法律保护为由拒绝该要求。美国政府当时援引的1986年《存储通信法案》并未明确美国政府的搜查令可以强制通信服务商提供存储在境外的数据。CLOUD案很大程度上是基于微软案的。*Microsoft Corporation v. United States Department of Justice et al*, Case No.2: 16-cv-00538(filed 2014-04-14, W.D. Wash)。

[2] CLOUD法案规定，美国人的数据以及在美国境内的其他个人数据，无论存储于何地，外国政府要调取均应当通过司法协助渠道，即必须经过美国国内的司法程序，只有在符合CLOUD法案罗列的一系列严格条件时外国政府才能向美国服务提供者直接调取美国以外的非美国人的信息。

施的运营者在中华人民共和国境内运营中收集和产生的个人信息和重要数据应当在境内存储；因业务需要，确需向境外提供的，应当按照国家网信部门会同国务院有关部门制定的办法进行安全评估。

如前所述，在美国近年谈判签署的 FTA 中，都强调两点：各国不得要求数据本地存储；各国应当允许跨境数据流动。结合美国的 CLOUD 法案，在美国数据霸权下，这两点要求意味着，美国的互联网公司可以在全球提供服务和收集数据，但数据可以存储在美国或美国之外，美国政府都有可能调取这些数据。对其他国家来说，数据主权关系到国家安全问题，中俄这样的大国对美国以推动自由化为名实际推行长臂霸权十分警惕，分歧很难弥合。

欧盟相对来说持中间立场。欧盟认为，目前国际贸易协定谈判中涉及的两方面内容——电子商务和跨境数据流动，根本的问题是关于这两方面的国内规定或国际安排（无论是便利化措施还是限制措施）都不应构成对贸易的扭曲。[1]欧盟认为数据本地存储要求可能对跨境服务提供者造成歧视，所以应当禁止将之作为在本地开展业务的前提条件，但也应尊重各国对跨境传输的安全要求。通过将数据保护标准和贸易谈判问题分离，欧盟试图在尊重各国数据主权的前提下，以温和的方式处理数据跨境流动的方式，这也不失为一种中间道路。[2]

---

[1] See EU provisions on Cross-border data flows and protection of personal data and privacy in the Digital Trade Title of EU trade agreements, https://trade.ec.europa.eu/doclib/docs/2018/july/tradoc_157129.pdf.

[2] 例如，贸易协定中建议可以规定：如果成员方保留对数据跨境处理的限制，如数据本地存储要求，那么这样的限制措施不应构成对第三方公平贸易机会的损害；开放措施亦然。

四、数据垄断与强制授权

各国国内关于跨境数据流动治理的讨论，实际上涵盖两大类内容：一是如何促进流动，便利数据赋能的经济活动的开展；二是如何防止数据滥用可能产生的负面影响，包括隐私保护、合理税负，以及公平竞争问题。可以发现意见完全相左的阵营，矛盾也较为激烈，根源上是因为部分国家占有绝对的数据技术优势。数据技术处于劣势的国家，可能就更多地关注第二类问题，即监管问题。监管的强调，也是为了一定程度地平衡和制约数据鸿沟（data divide）问题。

欧盟最先提出对拥有大数据优势的企业进行反垄断调查。在欧盟对两个重要的互联网公司合并案件——Facebook/WhatsApp 与 Google/Doubleclick 的反垄断审查中，欧盟竞争委员 Margrethe Vestager 指出，尽管一些兼并不涉及很大的营业额（turnover），但是却涉及有巨大商业价值的数据，因此也有必要纳入审查中。欧盟也不排除在特定情况下，即使某些平台公司并不具有垄断地位，也可能因为具有数据优势而使得交易对手或用户处于不利的贸易地位。[1]

2019 年，德国联邦卡特尔局（Bundeskartellamt）认定，Facebook 公司通过用户协议条款，迫使 Facebook 用户同意其收集和使用

---

[1] European Commission, "Online Platforms and the Digital Single Market Opportunities and Challenges for Europe" [communication from the Commission to the European Parliament, the Council, the European Economic and Social Committee and the Committee of the Regions, May 25, 2016 COM(2016) 288], p.13, http://eur-lex.europa.eu/legal-content/EN/TXT/?uri=CELEX:52016DC0288.

用户在其他平台（包括旗下的 WhatsApp/Instagram 平台以及嵌入 Facebook 插件的第三方网络平台或手机 App）的数据，构成垄断行为。对欧盟有意扩张反垄断法适用范围以规制数据垄断行为，美国一直持谨慎反对态度。但对 Facebook 违法收集客户数据的行为，除以侵犯隐私处 50 亿美元罚款外，美国联邦贸易委员会（FTC）也进行了反垄断调查。

在反垄断法下，大数据可能构成"必要设施（Essential Facility）"，这在学界引起很大的争论。[1] 如果大数据可以构成"必要设施"，就有可能适用强制共享的救济手段。但就目前为止，尚无依据反垄断法要求数据强制共享的实践与案例。为了杜绝各国将数据强制共享包括源代码披露作为削弱互联网巨头竞争优势的手段，美国在近期的 FTA 中已经将"禁止将披露源代码或开放数据作为在本地投资或营运条件"条款纳入其中，要求 FTA 对方国接受。

目前为止，在收集数据、利用和处理数据中的垄断行为，引起了各国国内竞争执法机构越来越多的关注。[2] 随着欧盟及其成员国已经开始针对数据垄断行为采取一些竞争调查，特别是对跨国并购涉及

---

[1]　所谓"必要设施"指的是类似市场"要道（bottleneck）"的设施，过去主要是指水电煤等基础设施和网络，近年来也扩大到可能包括互联网的垄断设施，如搜索引擎、移动操作系统等。必要设施关系到相关市场的进入，如果拥有必要设施的企业滥用权力拒绝交易、拒绝接入或实施歧视等，就可能受到反垄断法制约。

[2]　Studies on the potential competition concerns arising from the use of big data have been conducted by the competition authorities of France, Germany, Canada, Singapore and also OECD. See Autorité de la concurrence and Bunderkartellamt, Competition Law and Data, May 2016; Competition Bureau, Canada, Big data and Innovation: Implications for Competition Policy in Canada, 2017; Singapore Competition Commission, Data: Engine for Growth—Implications for Competition Law, Personal Data Protection, and Intellectual Property Rights, August 2017; OECD, Big Data: Bringing Competition Policy to the Digital Era, November 2016.

的数据垄断问题进行事先审查，反垄断可能成为跨国数据流动中重要影响力量。另外，如基础电信或其他自然网络的国际治理中所展现的，是否有可能采取强制接入数据的反垄断救济手段，这个问题将会加剧不同国家的分歧。

五、关税征收

1998 年，经美国提议，WTO 成员采纳了一项《全球电子商务宣言》[1]，宣布将由 WTO 理事会建立一项工作框架，定期对"电子商务"中与贸易有关的问题进行研究。同时各成员承诺，两年内维持原状，暂缓对"电子传输"(electronic transmission)征收关税。从 1998 年开始，除 2003—2005 年（坎昆会议失败）外，该暂缓期每两年一续期，一直延续到现在[2]。事实上，因为关于"电子传输"的定义和范围始终存在分歧，各成员无法对征税达成一致。未能解决的问题和 1998 年时一样：①将"电子传输"归类为货物、服务或知识产权？②暂缓征税可能影响了多少财政收入？③对"电子传输"征税是否技术上可行？

"电子传输"包括以物理载体方式（如音像制品、软件等）进行的电子内容传输以及完全以线上方式进行的电子内容传输。前者的商业价值可能来自其内容，而不是其载体，这一点与后者一样。但是一

---

[1] https://docs.wto.org/dol2fe/Pages/SS/directdoc.aspx?filename=q:/WT/MIN98/DEC2.pdf&Open=True.

[2] 2019 年 12 月的理事会决议继续两年展期，https://www.wto.org/english/news_e/news19_e/gc_10dec19_e.htm。

般各国对物理载体的进口仍然按货物施加关税，计税依据是整体商品的价格，而依据《电子商务宣言》，对线上方式进行的电子传输却免于征税，其依据何在？更多人提出，如果试图对线上方式进行的电子传输进行征税，在技术上是否可行？如何确定征税对象、征税范围和税基？如何跟踪交易、判定跨越国境？它与所得税之间有没有可能存在大量的重叠？

对电子传输的免税，也引起发展中国家对数字贸易受益不均的质疑。依据 UNCTAD 在 2000 年的估测，全球贸易中可数字化产品的出口，发达国家占 91%，发展中国家只占 9%。[1] 因此，对电子传输免税，发展中国家相较于发达国家可能财政收入损失更大，UNCTAD 估计损失最大的十个国家和地区是印度、加拿大、墨西哥、巴西、中国、俄罗斯、波兰、阿根廷、泰国和欧盟，而美国显然是受益最大的国家。[2]

UNCTAD 坚持认为，十余年来在这一领域发展中国家发展水平极不均衡（如果排除中国）[3]，发展中国家因为电子传输或电子商务而受到的财政损失要远远大于发达国家。因此，UNCTAD 报告的观点是不应再将电子传输排除在 WTO 适用范围外，而应当将其归为

---

[1][2]　UNCTAD, "Tariffs, Taxes and Electronic Commerce: Revenue Implications for Developing Countries", Geneva: United Nations Conference on Trade and Development, 2000.

[3]　中国作为发展中国家，情况最为特殊，它不仅是电子传输进口大国，也逐渐成为最大的出口国之一。例如，依据 WTO 的数据，2014 年发展中国家出口可数字化的产品（digitizable products）为 528 亿美元，比发达国家的 303 亿美元还要高，但是如果扣除中国，发展中国家的出口数额降到发达国家的一半，只有 152 亿美元。See WTO, 2016-JOB/GC/114。

电子服务（e-services），谈判的重点应放在其数字内容，而不是物质载体，在此基础上讨论关税，发展中国家据此可以对电子服务加征关税，也可就国内规制政策重新考虑服务开放的承诺清单，这才是WTO谈判的方向之一。

第四节　对上海数字经济规则建构若干建议

对超大数字平台以及新兴人工智能技术的监管已经成为全球共同的命题，治理目标应当是在开放和共同受益的互联网与维护数字主权之间寻求平衡，在培育本国优势企业与协同治理之间寻求平衡。与数字技术的迅猛发展相比较，数字经济规则的建构仍然存在滞后和能力不足的问题。在出现新兴的颠覆性的技术时，关于如何有效治理和平衡创新动力的许多具体问题，在国内和国际层面目前都无法达成共识，因此相关规则建构也存在摸索过程。对上海而言，当前最大挑战是通过更具平衡性的规则体系建立起数字经济发展需要的信任基础。

一、上海数字经济规则建构的核心

第一，数字经济规则要"建立信任"，维护个人权利、企业利益、国家安全与技术发展之间的平衡。数字互联互通的基础是信任，而在日益分裂的时代，缺乏信任成为国家与国家之间、国家与市场之间、企业与消费者之间的最大障碍。数字经济规则的构建，很大程度上要建立相互的信任，以规则去约束彼此。这就要求数字主权和国家安全的边界是清晰的，而不是无限泛化的。或者，数字领域私人权利可以得到保护的外延是清晰的。

第二，数字经济规则的目标应当是开放、包容和可持续。"开放"指的是数字规则应当促进数字基础设施、设备、平台、技术、标准、数据、算力和算法等方面的硬联通和软联通；"包容"指的是由于各成员数字经济发展目标、能力和方式上有明显差别，应当兼顾各方诉求，以更具弹性和包容的框架促进数字经济的繁荣与共享；"可持续"则是指基于联合国 2030 年发展目标，要推动"以人为本"的数字经济发展，包括公共数字资源的利用、伦理原则在技术中的贯彻、网络空间中的人权保护、对数字弱势群体的帮扶等。

第三，信任机制的核心是以透明度为基础的人权。这不仅指的是企业（特别是平台企业）必须在数据、算法和接入等方面提供更多的信息，也包括政府在监管和施加要求时要提供监管对象以充分的知情权。保护数字经济中的人权，上海要走在前列，要从隐私权、名誉权、知情权和表达自由权等角度去考虑与全球标准接轨的信任机制的构建。

第四，推动与其他国家和地区的互信框架构建。中国一向对电子支付、跨境数据流动、禁止强制源代码披露、禁止强制本地存储和电信市场开放等议题有比较强烈的安全诉求。但目前态度开始变得灵活，并积极通过自贸区试验来尝试分类监管与有序开放。在此前景下，上海可以率先与日本、新加坡、欧盟等国家和地区开展数据传输或其他数字安全体系的协商与互认。

第五，要关注数字犯罪。错误信息、虚假信息和仇恨言论的泛滥、经常发生的数据泄露以及网络犯罪的增加，将进一步影响信任的建立。有效地应对和制约数字犯罪，将是发展数字经济必须解决的首要难题之一。

第六，要着力弥合数字鸿沟，帮扶数字弱势人群。数字鸿沟不仅意味着南北贫富分化的进一步拉大，也意味着全球人权和民主进程的更大困境。通过数字鸿沟建立人权方面的国际叙事，上海可以参考联合国的《全球数字契约》，它是一项已经包含目标和具体行动的较为全面的建议，可以成为未来全球行动的指南。

二、对上海试点跨境数据流动的特别建议

第一，重新考虑数据跨境流动的监管方式，尽快形成数据网络。目前我们对数据跨境的限制远远高于美国，在 WTO 电子商务谈判和其他一些区域或跨区域谈判中，中国也一向倡导"国家安全例外"。要加快数据跨境流动的放开，尽快从正面清单转向数据开放的负面清单，缩小对敏感和重要数据的限制，对一般商业数据要允许流动，形成对外数据网络。

第二，建立数据传输的受信任的"朋友圈"。开展更多有关数据传输的双边谈判，与除美国之外的贸易投资伙伴，如欧盟、日本、新加坡等建立数据传输安全盾或安全框架，中资企业通过参加此类安全框架，能确保其在跨国交易中不受无端干扰和排斥。

第三，加强数据保护的民事立法。未来关于数据保护的国内立法应当侧重民商事的角度，明确企业和个人数据的所有权、使用权和相应责任，这方面欧盟的立法仍然是目前可借鉴的最为完善的范本。

第四，重新思考人工智能产业发展方向，应当面向全球，减少对英文数据获取的限制。如前所述，未来中美将在数据和算法方面加大竞争，当前训练人工智能模型需要的数据规模和深度将直接决定人工智能竞争力。需要考虑减少对英文数据获取的限制，否则未来仅是中文的人工智能平台或模型，发展得再好，也无法向全世界推广，也就无法与美国有效竞争。

参考文献

1. Andrew D. Mitchell & Neha Mishra, "Data at the Docks: Modernizing International Trade Law for the Digital Economy", Vanderbilt Journal of Entertainment & Technology Law, Vol.20, No.4, 2020.

2. Bernard Hoekman, "Proposals for WTO Reform: A Synthesis and Assessment", The World Bank Policy Research Working Paper 5525, January 2011.

3. Christopher Kuner, "Regulation of Transborder Data Flows under Data Protection and Privacy Law: Past, Present and Future", OECD Digital Economy Papers, No.187, 2011.

4. Carlo Monticelli, Reforming Global Economic Governance: An Unsettled Order, Routledge, 2019.

5. European Parliament, "Comparing International Trade Policies: The EU, United States, EFTA and Japanese FTA Strategies", EXPO/B/INTA/FWC/2009-01/Lot7/36, February 2014.

6. Jagdish N. Bhagwati, The Wind of the Hundred Days: How Washington Mismanaged Globalization, The MIT Press, 2001.

7. Jeffrey J. Schott, Barbara Kotschwar, and Julia Muir, "Understanding the Trans-Pacific Partnership", Peterson Institute for International Economics, 2013.

8. John Ravenhill，"Regionalism"，in John Ravenhill (ed.), Global Political Economy, Oxford University Press, 2008.

9. Joseph E. Stiglitz，Freefall: America, Free Markets, and the Sinking of the World Economy, W.W. Norton & Company, 2010.

10. Jose Antonio Alonso，"International Tax Cooperation and Sovereign Debt Crisis Resolution: Reforming Global Governance to Ensure No One is Left Behind"，CDP Background Paper，No.41，2018.

11. Junji Nakagawa，Multilateralism and Regionalism in Global Economic Governance: Trade, Investment and Finance, Routledge，2011.

12. Kyoshi Kojima，Direct Foreign Investment: A Japanese Model of Multi-national Business Operations, Routledge，2010.

13. Marek Rewizorski, Karina Jędrzejowska & Anna Wróbel，"The Future of Global Economic Governance: Challenges and Prospects in the Age of Uncertainty"，Springer，2020.

14. Marijn A. Bolhuis, Jiaqian Chen, and Benjamin Kett，"The Costs of Geoeconomic Fragmentation," June 2023, https://www.imf.org/en/Publications/fandd/issues/2023/06/the-costs-of-geoeconomic-fragmentation-bolhuis-chen-kett.

15. McKinsey Global Institute，"Risk, resilience and rebalancing in global value chains"，August 6, 2020, https://www.mckinsey.com/capabilities/operations/our-insights/risk-resilience-and-rebalancing-in-global-value-chains.

16. Moreno Bertoldi，"The European Union in the Crisis of the Postwar Economic Order"，Journal of Policy Modeling, Vol.41(3), 2019.

17. Neil M. Coe, Peter Dicken and Martin Hess，"Global production networks: realizing the potential"，Journal of Economic Geography，Vol.8, No.3, 2008.

18. Richard Baldwin，"Globalisation: the great unbundling"，Economic Council of Finland, Vol.20, No.3, 2006.

19. Richard Baldwin，"21st Century Regionalism: Filling the gap between 21st century trade and 20th century trade rules"，CEPR Policy Insight, No. 56, 2011.

20. Richard Baldwin，"WTO 2.0: Global governance of supply-chain trade"，CEPR Policy Insight 64, http://www.cepr.org/sites/default/files/policy_insights/PolicyInsight64.pdf, December 2012.

21. Stefan Griller, At The Crossroads: The World Trading System And The Doha Round, Springer, 2008.

22. The Commission on Global Governance, Our Global Neighborhood: The Report of the Commission on Global Governance, Oxford University Press, 1995.

23. WTO and IDE-JETRO，"Trade patterns and global value chains in East Asia: From trade in goods to trade in tasks"，at https://www.wto.org/english/res_e/booksp_e/stat_tradepat_globvalchains_e.pdf, 2011.

24. WTO，"World Trade Report 2023: Re-globalization for a secure, inclusive and sustainable future," https://www.wto.org/english/res_e/booksp_e/wtr23_e/wtr23_e.pdf.

25. William H. Cooper，"Free Trade Agreements: Impacts on U.S. Trade and Implications for U.S. Trade Policy"，Congressional Research

Service 7-5700/RL31356, Feb. 26, 2014.

26. William J. Drake，"Background Paper for the workshop on Data Localization and Barriers to Transnational Data Flow", World Economic Forum, 14-15 September 2016.

27. 陈安主编：《国际经济法概论》，北京大学出版社 2001 年版。

28. 陈安：《陈安论国际经济法学》，复旦大学出版社 2008 年版。

29. 管健：《中美贸易争端中的焦点法律问题评析》，《武汉大学法律评论》2022 年第 5 期。

30. 洪俊杰：《制度型开放的理论与实践》，《国际贸易问题》2024 年第 11 期。

31.［英］马克·威廉姆斯：《国际经济组织与第三世界》，张汉林等译，经济科学出版社 2001 年版。

32.［美］迈克尔·波特：《国家竞争优势》，李明轩、邱如美译，华夏出版社 2002 年版。

33. 石静霞：《数字经济背景下的 WTO 电子商务诸边谈判：最新发展及焦点问题》，《东方法学》2020 年第 2 期。

34. 王中美：《"负面清单"转型经验的国际比较及对中国的借鉴意义》，《国际经贸探索》2014 年第 9 期。

35. 王中美：《全球贸易便利化的评估研究与趋势分析》，《世界经济研究》2014 年第 3 期。

36. 王中美：《欧美供应链韧性战略的悖论与中国应对》，《太平洋学报》2022 年第 1 期。

37. 王中美：《跨境数据流动的全球治理框架：分歧与妥协》，《国际经贸探索》2021 年第 4 期。

38. 王中美：《从保护到干预：OFDI 政策的新近演变与对华影响》，《国际经贸探索》2023 年第 12 期。

39. 温树英：《制度型开放的理论证成与实施路径——以对接国际高标准经贸规则为视角》，《武大国际法评论》2024 年第 4 期。

40. 吴敬琏：《中国经济改革进程》，中国大百科全书出版社 2018 年版。

41. 吴敬琏：《中国增长模式抉择》，上海远东出版社 2019 年版。

42. 吴敬琏、周其仁、张维迎等：《中国改革再出发》，四川人民出版社 2014 年版。

43. 徐崇利：《全球治理与跨国法律体系：硬法与软法的"中心—外围"之构造》，《国外理论动态》2013 年第 8 期。

44. 徐崇利：《美国贸易政策及法律策略之变：样态与机理》，《中国法律评论》2023 年第 2 期。

45.［美］约翰·H.杰克逊：《世界贸易体制——国际经济关系的法律与政策》，张乃根译，复旦大学出版社 2001 年版。

46.［澳］约瑟夫·A.凯米莱里、吉米·福尔克：《主权的终结？——日趋"缩小"和"碎片化"的世界政治》，李东燕译，浙江人民出版社 2001 年版。

47. 余淼杰、蒋海威：《从 RCEP 到 CPTPP：差异、挑战及对策》，《国际经济评论》2021 年第 2 期。

48. 余振：《全球数字贸易政策：国别特征、立场分野与发展趋势》，《国外社会科学》2020 年第 4 期。

49. 杨国华：《世界贸易组织上诉机构的危机过程与未来发展》，《经贸法律评论》2023 年第 3 期。

50. 张维迎：《市场的逻辑》，西北大学出版社 2019 年版。

51. 张维迎：《重新理解企业家精神》，海南出版社 2022 年版。

52. 张向晨：《发展中国家与 WTO 的政治经济关系》，法律出版社 2002 年版。

53. 张宇燕：《全球治理的中国视角》，《世界经济与政治》2016 年第 9 期。

54. 周念利、孟克：《美国拜登政府的数字贸易治理政策趋向及我国应对策略》，《太平洋学报》2021 年第 10 期。

后 记

2013 年上海自贸试验区成立时，我曾经作为主要成员参与编撰了《中国（上海）自由贸易试验区 150 问》，这本普及性读物十分热销，很快推出了第二版。当时自贸区是完全新鲜的事物，人们不理解什么是自贸区，也不理解为什么要做"制度的高地"、不做"政策的洼地"。十余年过去了，"制度型开放"成为国家开放战略的重要内容，在全国范围内先后 7 轮设立了 22 个自贸区，由上海"一个点"到东部"一条线"再到全国"一个面"，形成了覆盖东西南北中，统筹沿海、内陆、沿边的高水平对外开放新格局。

也是从 2013 年开始，上海不断推进对标和接轨国际经贸规则的决策咨询研究，而我有幸在过去十余年间参与了大量相关工作。从最早对美式 BIT、TPP、TTIP、TiSA 的研究，到后来对 USMCA、CPTPP、RCEP、DEPA 的研究，从对世界银行、WTO、OECD 相关报告的研究，到对美欧等重要贸易伙伴国家最新经贸政策和智库报告的长期跟踪，我至今仍在不断学习和拓展研究范围和深度，也深感上海的制度型开放一直敢于对标国际最高标准，是广角的、全域的和进步的。很感谢能在中国开放最前沿的城市，以自己所学所长，参与到如此重要的从国家到地方的战略转型与升级的进程中。

这本书的内容是在过去十余年本人主持的多个上海市决策咨询相关研究课题的基础上形成的，有许多判断和观点一以贯之。但本书并不是回顾性的，而更多是展望性的。为了加强时效性，本书对涉及的数据、政策、规则和资料都做了全面更新，并根据当前最新形势构建了制度型开放的论述框架。决策咨询研究会存在这样的问题：它跟得太紧，也会更迭得太快。但是，正如十余年前那本《150问》下读者关于其实用性的反馈曾激励我投身智库研究，我希望这本书对当前的改革开放实践，对当下的读者，是有参考价值的。

上海社会科学院吕文洁博士和徐乾宇博士参与了本书第三章第二节、第三章第四节、第四章第二节、第五章第三节的撰写。

感谢上海市哲学社会科学规划办公室对本书撰写、评审、完善等方面所作的组织工作，感谢上海人民出版社对本书出版所作的辛勤付出。过去十余年得到诸多前辈和同仁的指导和帮助，在此一并感谢！

王中美

2025 年 4 月

图书在版编目(CIP)数据

先行先试：高水平制度型开放的上海创新探索 / 王
中美等著. -- 上海 ： 上海人民出版社，2025. -- ISBN
978-7-208-19291-1

Ⅰ. F127.51

中国国家版本馆 CIP 数据核字第 2024DV4853 号

责任编辑　罗　俊

封面设计　汪　昊

先行先试：高水平制度型开放的上海创新探索
王中美　等著

出　　版　上海人民大版社
　　　　　（201101　上海市闵行区号景路 159 弄 C 座）
发　　行　上海人民出版社发行中心
印　　刷　上海中华印刷有限公司
开　　本　787×1092　1/16
印　　张　16
插　　页　3
字　　数　180,000
版　　次　2025 年 6 月第 1 版
印　　次　2025 年 6 月第 1 次印刷
ISBN 978 - 7 - 208 - 19291 - 1/F・2902
定　　价　72.00 元